만화로 배우는 컴퓨터 프로그래밍

버그마왕과
엔트리월드의 위기

버그마왕과
엔트리월드의 위기

지은이 강성현, 신갑천, 정일주, 정진희, 천대건, 김서리

펴낸이 박찬규 엮은이 이대엽 디자인 북누리 표지디자인 아로와 & 아로와나

펴낸곳 위키북스 전화 031-955-3658, 3659 팩스 031-955-3660
주소 경기도 파주시 문발로 115 세종출판벤처타운 311호

가격 16,000 페이지 216 책규격 210 x 260mm

초판 발행 2015년 07월 30일
ISBN 979-11-5839-008-2 (13000)

등록번호 제406-2006-000036호 등록일자 2006년 05월 19일
홈페이지 wikibook.co.kr 전자우편 wikibook@wikibook.co.kr

이 책의 한국어판 출판권은 저작권자와의 독점 계약으로 위키북스가 소유합니다.
신 저작권법에 의해 한국 내에서 보호를 받는 저작물이므로 무단 전재와 복제를 금합니다.
이 책의 내용에 대한 추가 지원과 문의는 위키북스 출판사 홈페이지 wikibook.co.kr이나
이메일 wikibook@wikibook.co.kr을 이용해 주세요.

이 도서의 국립중앙도서관 출판시도서목록 CIP는
서지정보유통지원시스템 홈페이지(http://seoji.nl.go.kr)와
국가자료공동목록시스템(http://www.nl.go.kr/kolisnet)에서 이용하실 수 있습니다.
CIP제어번호 2015020331

버그마왕과 엔트리월드의 위기

만화로 배우는 컴퓨터 프로그래밍

강성현, 신갑천, 정일주, 정진희, 천대건 글
김서리 그림

위키북스

저자소개

강성현 | 경인교육대학교에서 컴퓨터교육과 석사학위를 취득하고, 경기도 소재 초등학교 교사로 재직중입니다. 아이들과 즐거운 코딩 세계를 탐험하며 즐거운 시간을 보내고 있습니다. 전국에 코딩센터를 설립하는 꿈을 가지고 있습니다.

신갑천 | 경인교육대학교에서 석사학위를 취득하고, 경기도 소재 초등학교 교사로 재직 중입니다. 우리 아이들이 코딩으로 세상을 바꿀 수 있다고 믿고 그 힘을 길러주고자 노력하고 있습니다. 재미있고 즐거운 코딩의 세계에서 행복해 하는 아이들의 모습을 보며 힘을 얻고 있습니다. 공동 저자들과 함께 디지털콘텐츠연구회에서 소프트웨어 교육에 관심을 가지고 꾸준히 연구를 하고 있습니다.

정일주 | 경인교육대학교 음악교육과 석사학위를 취득하고, 현재 경기도 소재 초등학교 교사로 재직중입니다. 다양한 콘텐츠에 관심을 가지고 디지털콘텐츠 연구회원으로 활동하고 있는 교사입니다. ICT 관련 선도교사 활동을 해왔으며, 소프트웨어 교육에 관심을 가지고 학생들에게 다양한 체험을 제공하기 위해 노력하고 있습니다.

저자소개

정진희 | 경인교육대학교 컴퓨터교육과 석사과정 중이며, 경기도 소재 초등학교 교사로 재직중입니다. 행복한 아이들이 되는 바탕은 스스로 생각하고 결정하는 힘을 키우는 것이라고 생각합니다. 행복한 아이들을 키우기 위한 코딩 교육 자료를 개발하고자 노력하고 있습니다.

천대건 | 경인교육대학교 수학교육과를 졸업하고 현재 경기도 소재 초등학교 교사로 재직중입니다. 프로그래밍을 경험하기 전과 후의 아이들의 변화를 바라보며 보람을 느껴왔습니다. 소프트웨어 교육이 프로그래머 양성이 아닌 세상을 보는 시야를 넓혀주는 역할을 하길 바라며, 저의 작은 실천이 아이들에게 조금이나마 도움이 되었으면 합니다.

김서리 | 경인교육대학교 미술교육과 석사학위를 취득하고 현재 인천 소재 초등학교 교사로 재직중입니다. 학습자 및 교사들이 재미있고 쉽게 소프트웨어 교육을 접하고 활용할 수 있도록 노력하는 교사입니다.

머리말

컴퓨팅사고력이 미래 사회를 주도할 인재의 중요한 능력으로 인식되면서 코딩을 읽기 쓰기와 같이 익혀야 할 하나의 기본 소양으로 받아들여지고 있습니다. 이에 따라 프로그래밍 언어에 관심을 가지고 배우고 싶어 하는 사람들이 많아졌습니다. 학교 교육과정에도 소프트웨어교육이 들어오게 되면 더 많은 학생들이 코딩을 공부하게 됩니다. 이러한 환경에서 코딩을 쉽고 재미있게 배울 수 있도록 초등학교 선생님들이 모여 논의하게 되었고, 그 과정에서 재미있는 이야기와 함께 문제를 해결해 나가는 방식의 책을 만들어 보자고 생각하게 되었습니다.

그 결과 학생들이 어떻게 하면 코딩을 재미있게 배우도록 할 수 있을지, 그리고 교사는 어떻게 해야 학생들에게 코딩을 쉽게 가르칠 수 있는지에 대한 고민을 담아 컴퓨터교육을 전공한 세 명의 저자와 음악, 미술 등을 전공한 세 명의 저자가 함께 책을 집필했습니다.

이 책의 특징은 다음과 같습니다.

첫 번째 특징은 '엔트리(play-entry.com)'라는 블록형 프로그래밍 언어입니다. 엔트리는 학생들이 프로그래밍 언어를 쉽게 재미있게 배울 수 있도록 돕는 교육 플랫폼입니다. 기존에 출시된 코딩 관련 서적 중 초등학생을 대상으로 하는 경우 대부분은 '스크래치(scratch.mit.edu)'라는 외국의 교육용 프로그래밍 언어를 배우고 있습니다. 그러나 '엔트리'는 우리나라에서 개발한 프로그래밍 학습 환경입니다. 스크래치처럼 블록형 프로그래밍 언어를 사용하고 code.org와 같은 사이트에서 학습할 수 있었던 문제해결 과정도 제공하고 있습니다. 우리나라에서 개발되었다는 점은 큰 장점일 수 있습니다. 예를 들어 코딩을 배우다가 의문이 나거나 어려운 점은 커뮤니티를 통해 도움을 받을 수 있고 언어사용에 있어서 거부감이 없습니다. 사용 환경 역시 학교수업에 적합하도록 교사가 커리큘럼을 구성할 수 있고 학생이 학습할 수 있는 시스템으로 이루어져 있어서 학교 소프트웨어 교육에 보다 최적화되어 있다고 말할 수 있습니다.

두 번째 특징은 스토리텔링입니다. 코딩에 대해 잘 모르고 흥미를 가지지 못하는 학생들은 프로그래밍 언어가 지루하고 어려울 수 있습니다. 따라서 이 책에서는 학생들의 흥미를 위해 재미있는 이야기를 따라가며 펼쳐진 문제를 코딩으로 하나씩 해결해 가는 흐름을 적용하였습니다. 이야기는 크게 2부로 나누어지는데 1부에서는 주인공 진우가 엔트리 월드에 초대받아 코딩을 알아가는 내용, 2부에서는 엔트리 월드에 있는 마을들의 문제를 해결해가는 여정을 다루고 있습니다. 내용을 간략히 소개하자면 엔트리 월드는 모든 것이 코드로 이루어져 있는 가상의 세계입니다. 컴퓨터 안의 가상 세계라고 생각해도 좋고 동화 속 미지의 세계라고 생각하여도 좋을 것입니다. 이러한 코딩 월드에 버그마왕이라는 장난기 많은 악당이 나타나 코드로 이루어진 세상을 어지럽히게 됩니다. 우리의 주인공은 이 세계에 초대되어 코드 마스터라는 이름의 스승들에게 코딩 방법을 배우게 됩니다. 2부에서는 여러 마을을 여행하는 동안 각 마을에서 일어나는 문제를 코딩을 통해서 해결하게 됩니다. 이러한 여행의 과정은 독자들이 이야기 속의 주인공이 되어 함께 문제를 해결해 나가도록 합니다.

세 번째 특징은 카툰입니다. 스토리텔링의 한 방식으로 어린이들이 쉽게 접근할 수 있는 학습 만화를 챕터의 시작 부분과 끝 부분에 넣었습니다. 아이들은 카툰을 보고 머릿속에 쉽게 떠오르는 이미지를 통해 문제를 이해하고 해결해나갈 수 있게 됩니다. 카툰에 등장하는 캐릭터들은 각자의 개성을 가지고 있습니다. 주인공 진우는 평범한 초등학생을 모델로 하였습니다. 코딩을 배우면 누구나 코딩 월드를 구하는 주인공이 될 수 있다는 의미입니다. 버그마왕은 장난기 많은 악당입니다. 사실 코딩을 하다 보면 버그를 수정하면서 더 많은 생각을 하게 되고 문제를 해결해 나가는 경험을 하게 됩니다. 버그마왕은 이러한 문제를 만들어 내는 존재입니다. 코드 마스터들은 주인공이 프로그래밍 언어를 습득할 수 있도록 도와주는 캐릭터입니다. 그들 각자는 설명해주는 블록 코드의 특징을 가지고 있습니다. 예를 들어 생김새 블록 마스터는 자신의 모습을 바꿀 수 있는 능력을 가지고 있는 것입니다.

이 책을 읽고 여러분은 엔트리를 활용해 게임, 시뮬레이션, 애니메이션 등 상상하는 많은 것들을 만들 수 있습니다. 이미 만들어진 게임을 그냥하기 보다는 스스로 게임을 만들어보고, 자연스럽게 소프트웨어와 친해지고, 또 직접 실생활에 도움이 되는 코딩을 해보고 싶다는 생각을 가지게 되길 바라며 프로그래밍을 마치 바둑이나 장기처럼 취미로 즐길 수 있었으면 좋겠습니다. 그리고 우리 주변에서 소프트웨어의 역할과 중요성을 생각해보게 되는 계기가 되기를 바랍니다.

책을 집필하는 동안 아낌 없는 응원과 사랑을 보내준 가족들에게 항상 미안하고 고맙다는 말을 전하고 싶습니다. 또한 늘 함께 고민하고 이 책이 세상이 나올 수 있도록 도와주신 위키북스 박찬규 대표님께 진심으로 고마운 마음을 전합니다.

자, 이제 여러분은 못된 버그마왕이 만들어 놓은 문제들을 만화를 보며 이해하고 블록 마스터들을 만나 엔트리 월드를 위기에서 구해낼 힘을 얻게 될 것입니다. 여러 마을을 여행하며 재미있는 코딩을 통해 함께 버그마왕을 찾아가 볼까요?

저자 일동

> **교재에 나오는 프로젝트의 예제**는 엔트리 홈페이지(http://play-entry.com)에서 버그마왕과 엔트리 월드의 위기 특별 페이지(http://play-entry.com/entryworld)에서 보실 수 있습니다. 기타 문의 사항은 위키북스 홈페이지 문의 게시판을 이용하여 주시기 바랍니다.

목차

저자소개 · 4

머리말 · 6

1부.
미지의 세계, 엔트리 월드

01. 엔트리 월드에 간 진우 · 14

02. 고장 난 풍력 발전기 · 30

03. 모든 움직임을 제어하는 '움직임 마스터' · 42

04. 순식간에 모습을 바꾸는 '생김새 마스터' · 56

05. 조건과 반복을 관리하는 '흐름 마스터' · 66

06. 참이냐 거짓이냐 그것이 문제로다 '판단 마스터' · 76

07. 무엇이든 계산해내는 '계산 마스터' · 88

08. 예술혼을 담은 아티스트 '소리&붓 마스터' · 100

2부. 위기에 빠진 엔트리 월드

- 01. 마법의 문을 열어라 ········ 113
- 02. 음악이 사라진 마을 ········ 122
- 03. 시계가 고장났어요! ········ 132
- 04. 암호 해독기를 고쳐라 ········ 138
- 05. 일어나, 엔트리카! ········ 150
- 06. 두더지를 잡아라 ········ 158
- 07. 눈 내리는 마을에 사는 로봇 ········ 166
- 08. 하늘에서 음식이 내린다면 ········ 178
- 09. 엔트리카, 바위를 넘어라 ········ 188
- 10. 버그마왕과 선택의 문 ········ 202

1부
미지의 세계, 엔트리 월드

01. 엔트리 월드에 간 진우

02. 고장 난 풍력 발전기

03. 모든 움직임을 제어하는 '움직임 마스터'

04. 순식간에 모습을 바꾸는 '생김새 마스터'

05. 조건과 반복을 관리하는 '흐름 마스터'

06. 참이냐 거짓이냐 그것이 문제로다 '판단 마스터'

07. 무엇이든 계산해내는 '계산 마스터'

08. 예술혼을 담은 아티스트 '소리&붓 마스터'

01 엔트리 월드에 간 진우

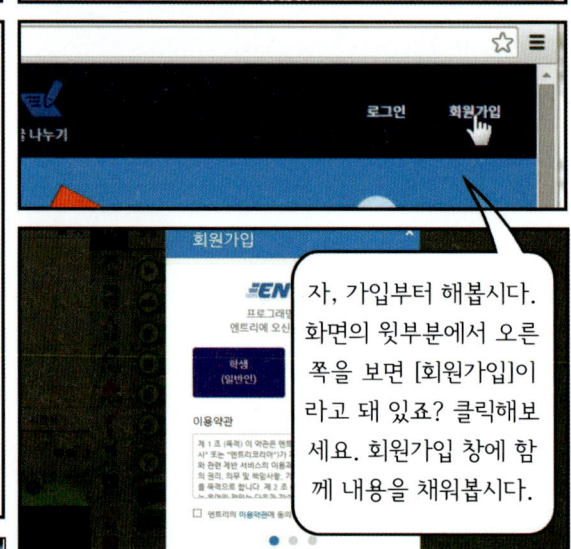

엔트리는 온라인에서 코딩을 공부할 수 있는 곳입니다.
가입하는 화면부터 알아봅시다.

01_ 엔트리 첫 화면의 오른쪽 위에서 [회원가입]을 클릭합니다.

02_ 주변이 어두워지면서 회원 가입 창이 나타납니다.

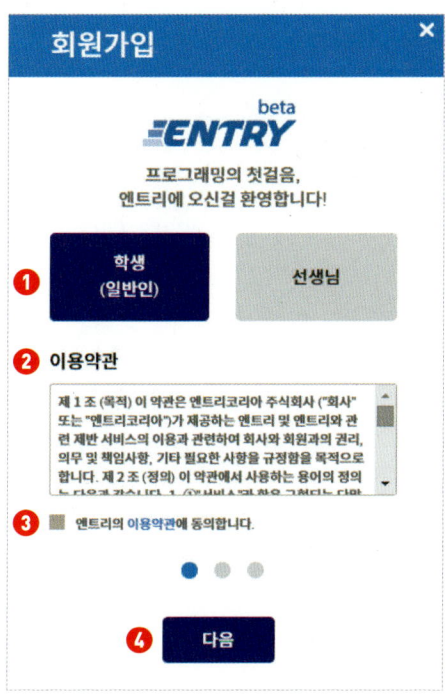

❶ 가입 유형: 학생(일반인), 선생님 중 한 가지를 선택합니다.

❷ 이용약관: 이용약관을 볼 수 있습니다.

❸ 이용약관 동의: 체크 박스를 클릭합니다.

❹ 다음: 다음 페이지로 이동합니다.

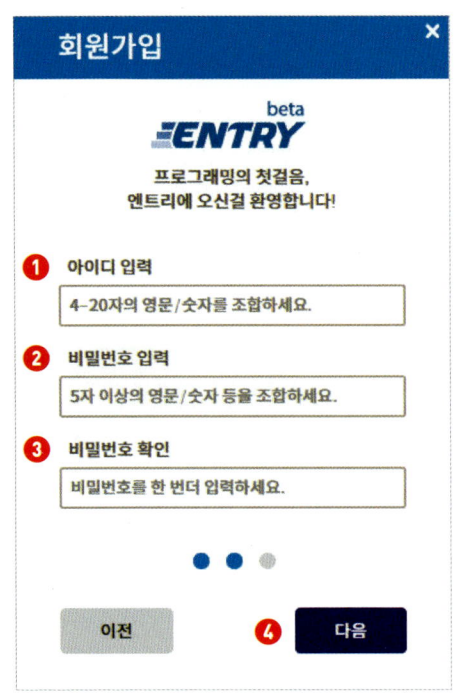

❶ **아이디 입력:** 영문, 숫자를 이용해 아이디를 입력합니다. (4~20글자)
예: entry2015

❷ **비밀번호 입력:** 영문, 숫자, 특수문자를 혼합해서 만든 비밀번호를 입력합니다(5글자 이상). 비밀번호는 잊어버리기 쉬우니 잘 메모해 두세요.

❸ **비밀번호 확인:** 위에 입력한 비밀번호를 다시 한 번 입력하세요. 비밀번호를 잘못 입력하는 것을 방지하기 위함입니다.

❹ **다음:** 다음 페이지로 이동합니다.

❺ **태어난 연도:** 선택 목록에서 태어난 연도를 선택합니다. 예) 2001년

❻ **성별:** 남성, 여성 중에서 선택합니다.
예: 여성

❼ **언어:** 한국어, 영어, 베트남어 중에서 하나를 선택합니다. 다국어 지원은 더욱 확대할 예정입니다. 예) 한국어

❽ **이메일(선택):** 이메일은 선택 사항이지만 아이디나 비밀번호 분실 시 필요할 수 있으니 입력하는 것이 좋습니다.
예: entry2015@entry.com

❾ **다음:** 다음 페이지로 이동합니다.

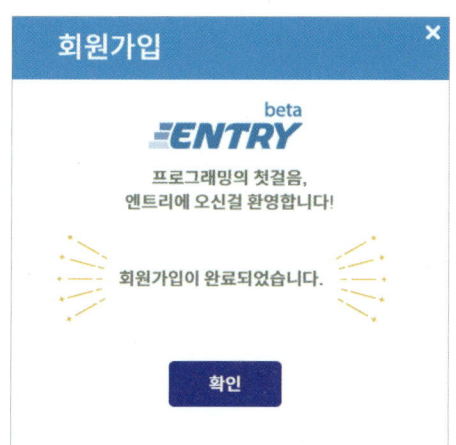

- 회원 가입 완료 화면이 나옵니다.
- 확인 버튼을 클릭해 첫 화면으로 돌아옵니다.

① **아이디**: 가입 시 입력한 아이디를 입력합니다.

② **비밀번호**: 가입 시 입력한 비밀번호를 입력합니다.

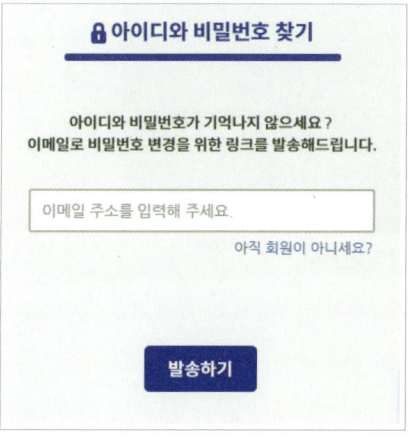

- **이메일 주소에 관하여**: 미성년자인 학생의 경우 부모의 동의하에 이메일 주소를 만들 수 있습니다. 사이트에 가입할 이메일은 필수 요소이므로 자주 사용하는 이메일을 미리 만들어 두는 것이 좋습니다.
- **아이디와 비밀번호 찾기**: 비밀번호를 분실했을 경우 가입 시 입력한 이메일로 비밀번호 변경을 위한 링크를 발송해주기 때문에 가입할 때 정확하게 입력해야 합니다.

가입이 어렵지는 않죠?
이번에는 로그인해서 엔트리가 어떻게 구성돼 있는지 살펴보겠습니다.

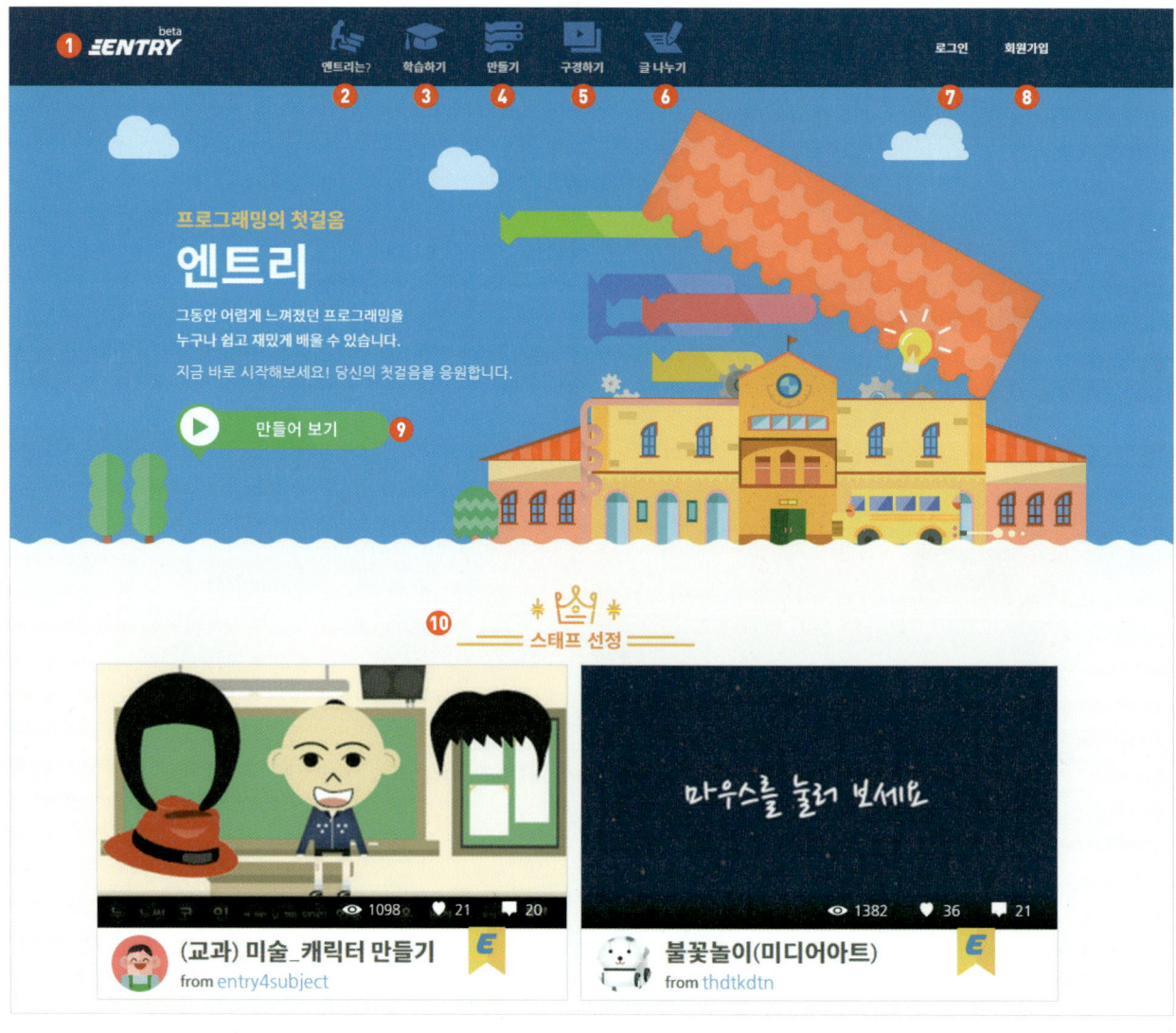

① 엔트리 로고입니다. 다른 곳을 보다가 이 로고를 클릭하면 처음 화면으로 올 수 있습니다.

② 엔트리는?: 엔트리에 대해 소개하는 페이지입니다.

③ 학습하기:

- 엔트리 기본 학습:
    ① **문제 해결하기**: 10단계의 미션을 해결하면서 엔트리에 대해 알아봅니다.
    ② **소프트웨어야 놀자**: 엔트리를 사용하는 EBS 방송 영상을 볼 수 있습니다.
    ③ **교육 자료**: 엔트리를 이용해 만들어진 교재를 소개합니다.
- 내가 만드는 강의: 선생님들을 위한 수업 설계 기능입니다.
    ① **강의**: 필요한 기능만 선택해 수업을 만들어 볼 수 있습니다.
    ② **커리큘럼**: 여러 개의 강의를 모아 커리큘럼으로 만들 수 있습니다.

④ 만들기: 프로젝트를 만들 수 있습니다.

⑤ 구경하기: 다른 사람이 만들어서 공유한 프로젝트를 볼 수 있습니다.

⑥ 글 나누기: 서로 질문하고 답변하며 토론할 수 있습니다.

⑦ 로그인: 아이디와 암호를 입력하면 로그인할 수 있습니다. 로그인 후에는 아이디가 표시됩니다.

⑧ 회원가입: 가입 화면을 보여 줍니다. 로그인한 후에는 보이지 않습니다.

⑨ 만들어 보기: 만들기 화면으로 이동합니다.

⑩ 엔트리에서 선정한 재미있는 프로젝트를 소개합니다.

? 화면 구성은 언제든지 바뀔 수 있습니다.

엔트리는 현재 베타서비스 중입니다. 아직 제공되지 않는 서비스도 일부 있는 상태이고 계속해서 변경되고 발전되고 있습니다. 따라서 화면의 모습은 바뀔 수 있습니다. 그렇지만 메뉴와 같이 중요한 부분은 크게 바뀌지 않기 때문에 걱정할 필요는 없습니다.

이번에는 학습하기 중
문제 해결하기 화면에 대해 알아보겠습니다.

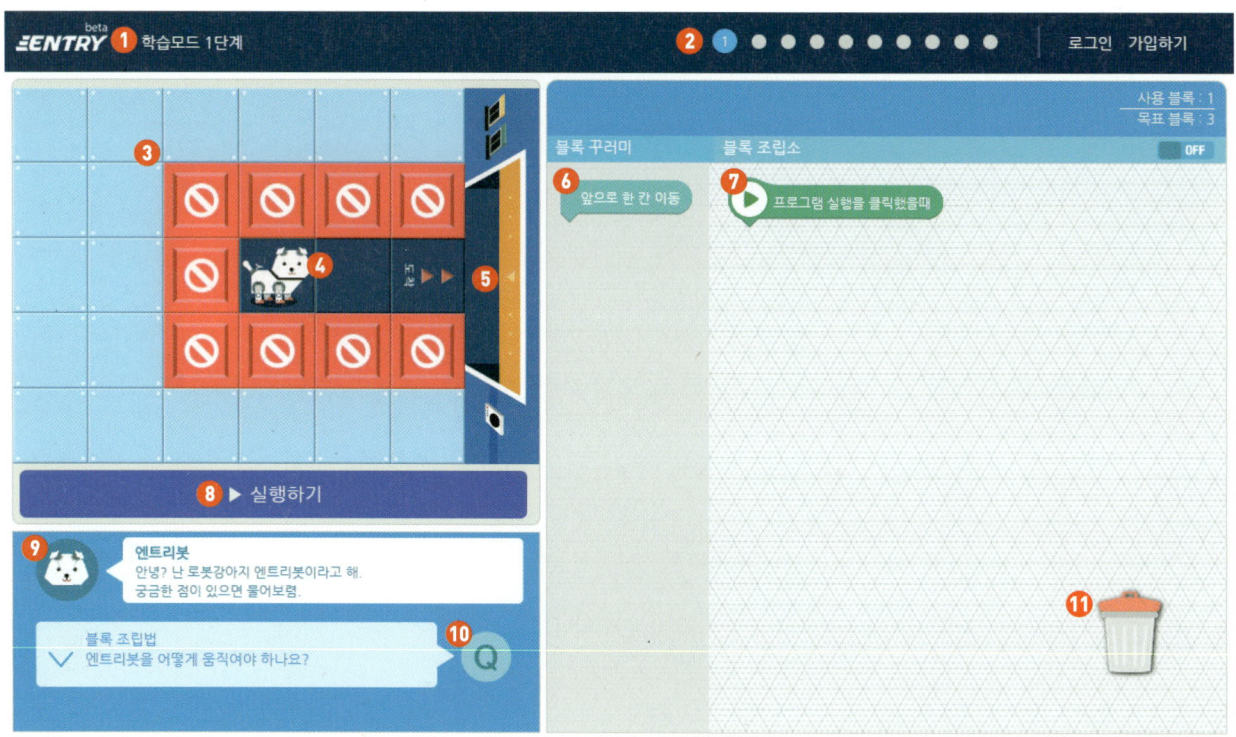

① **학습모드**: 학습모드는 1단계부터 10단계까지 있습니다.

② **학습단계**: 몇 단계를 학습하고 있는지 알려줍니다.

③ **장애물**: 이동할 수 없는 장애물 오브젝트입니다.

④ **엔트리봇**: 엔트리봇 오브젝트입니다. 엔트리봇을 탈출하게 하는 것이 학습하기의 미션입니다.

⑤ **도착 지점**: 도착 지점까지 엔트리봇이 이동하게 하는 것이 미션입니다.

❻ 블록 꾸러미와 명령어 블록: 블록 꾸러미에는 이번 단계 미션에서 사용할 수 있는 명령어 블록이 들어 있습니다. 1단계에는 '앞으로 한 칸 이동' 블록만 있지만 다음 단계에서는 더 많아집니다. '앞으로 한 칸 이동' 블록은 엔트리봇이 앞으로 한 칸 이동하게 하는 명령어 블록입니다.

❼ 블록 조립소: 명령어 블록을 블록 조립소로 가져오면 엔트리봇을 움직일 수 있습니다. '프로그램 실행을 클릭했을 때'라는 명령어 블록은 ❽실행하기를 눌렀을 때라는 말과 같습니다.

❽ 실행하기: 블록 조립소에 명령어 블록을 알맞게 조립하고 '실행하기' 버튼을 누르면 엔트리봇에 명령어가 입력되어 엔트리봇이 움직이게 됩니다. 잘못 실행했을 경우 다시 실행해도 됩니다.

❾ 엔트리봇: 엔트리봇이 미션을 설명해줍니다.

❿ 블록 조립법: 블록 조립법에 대해 생각해볼 수 있는 질문을 제공합니다.

⓫ 휴지통: 필요 없는 블록을 지울 수 있는 휴지통입니다. 블록을 끌어다가 놓으면 지워집니다.

22 I부 미지의 세계, 엔트리 월드

10단계의 학습하기를 완료했나요? 이번에는 '만들기'에 대해 알아보겠습니다.
스스로 무엇이든 만들 수 있는 만들기가 가장 중요하다고 할 수 있을 것입니다.

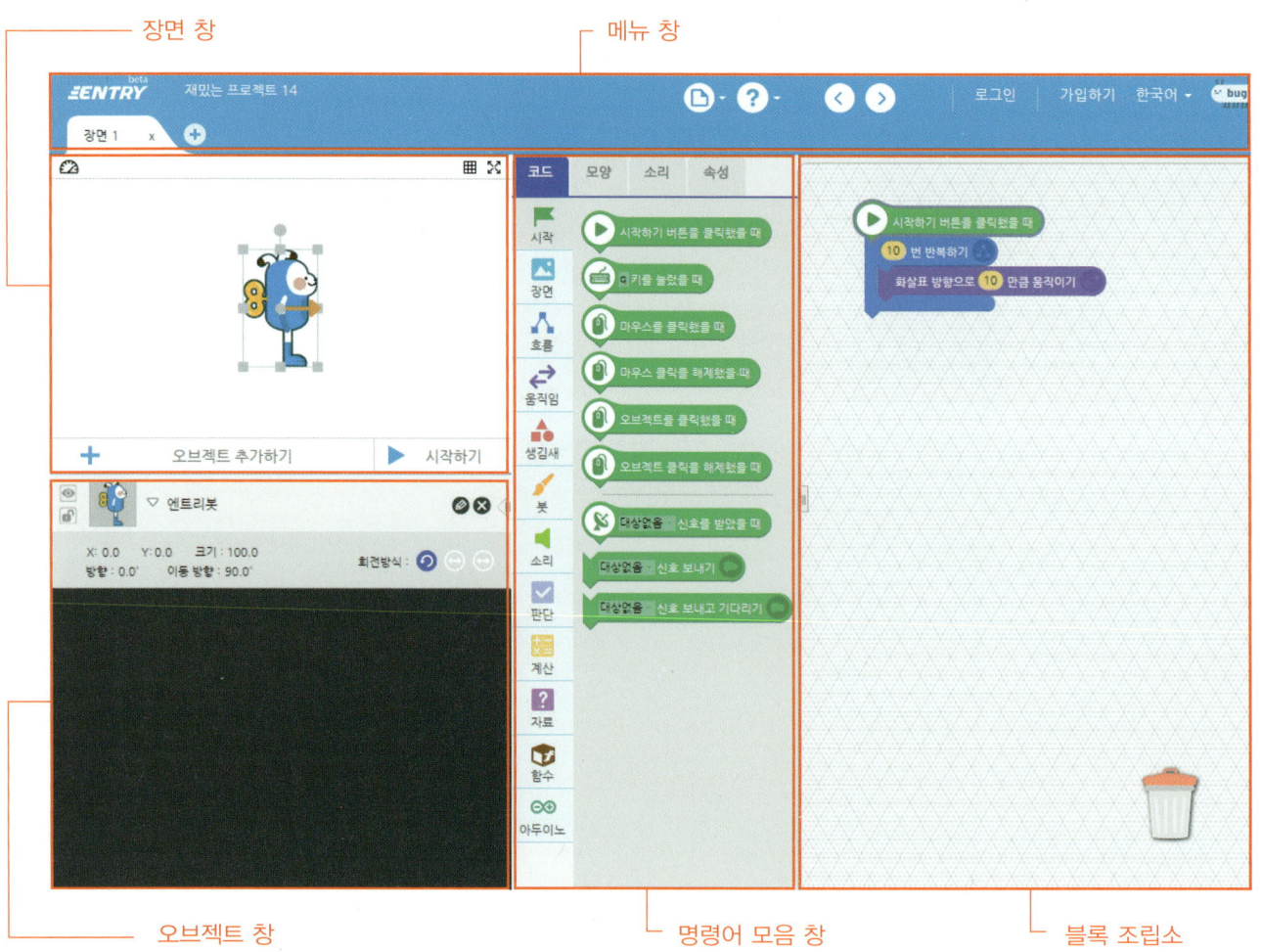

메뉴 창

① **프로젝트 제목:** 프로젝트의 제목이 나타납니다. 처음에는 자동으로 만들어지지만 쉽게 고칠 수 있습니다. 자동으로 만들어진 제목을 지운 후 원하는 제목으로 입력하면 됩니다.
예) 엔트리 게임

② **장면:** 장면은 실제로 프로그래밍한 결과를 확인할 수 있는 곳으로, 무대나 도화지라고 생각하면 됩니다. 무엇이든 올려놓고 명령어 블록으로 코드를 넣어주면 원하는 동작이 이뤄지는 곳입니다. 장면의 이름도 바꿀 수 있습니다. 예) 시작 화면, 종료 화면

③ **장면 추가:** 장면을 더 추가하는 버튼입니다. 장면이 여러 개일 때는 해당하는 장면을 누르면 그 장면에서 다른 것을 만듭니다. 장면의 순서도 쉽게 바꿀 수 있습니다.

④ **새로 만들기/불러오기:** 새로운 프로젝트를 만들거나 기존에 만든 프로젝트를 불러옵니다.

⑤ **저장하기/다른 이름으로 저장하기:** 프로젝트를 저장합니다.

⑥ **블록 도움말:** 블록 도움말을 선택하고 알고 싶은 블록을 선택하면 해당 블록에 대한 설명이 나타납니다.

⑦ **되돌리기:** 바로 직전에 한 작업을 취소하고 되돌립니다.

⑧ **다시 하기:** 취소했던 작업을 다시 실행합니다.

⑨ **사용자 정보:** 로그인한 사용자의 정보가 표시되며 만들어 놓은 프로젝트를 조회하거나 정보 수정, 로그아웃합니다.

장면 창

❶ **속도 조절**: 프로그램이 실행되는 속도를 조절합니다.

❷ **격자/좌표계**: 배경에 좌표를 나타내는 격자를 보여 줍니다. 좌표는 옆으로는 +240~-240, 위아래로는 +135~-135 까지 사용합니다. 오브젝트의 배치, 이동 거리 계산 등에 매우 유용합니다.

❸ **장면 확대**: 장면을 화면에 크게 보여줍니다.

❹ **오브젝트**: 오브젝트는 장면에서 실제로 어떤 동작을 하는 모든 것을 가리키는 말입니다. 사람, 동물, 식물, 자동차, 배경 등 주변의 모든 것들이 오브젝트가 될 수 있습니다. 이 오브젝트에 명령어 블록을 넣어주는 것이 엔트리의 블록 코딩 방식입니다.

❺ **오브젝트 추가**: 오브젝트를 추가합니다. 미리 저장된 것들 중에 선택하거나 직접 만든 오브젝트를 사용합니다.

❻ **시작하기**: 시작하기 버튼은 코드를 시작하게 하는 버튼입니다. 오브젝트의 명령어 안에 '시작하기 버튼을 눌렀을 때'라는 명령어 블록이 있다면 시작하기 버튼을 눌렀을 때 그 나머지 코드를 실행하게 됩니다. 즉, 가전제품의 전원 버튼이라고 생각하면 됩니다.

오브젝트 창

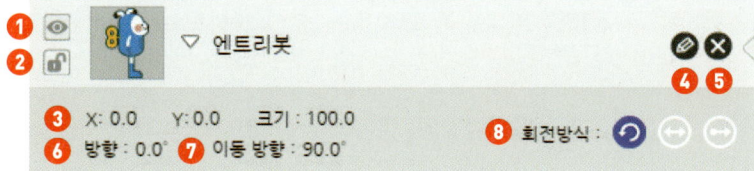

❶ **보이기/숨기기**: 선택된 오브젝트를 보이거나 보이지 않게 합니다. 오브젝트가 선택된 상태에서 한 번 클릭할 때마다 보이는 상태가 바뀝니다.

❷ **잠그기/풀기**: 오브젝트를 잠그면 장면 창에서 마우스로 선택되지 않습니다. 고정된 배경이나 이미 코딩을 마친 오브젝트는 간섭받지 않도록 잠가 두면 좋습니다.

❸ **오브젝트 정보창**: 오브젝트의 섬네일, 이름을 보여 줍니다.

❹ **오브젝트 수정**: 연필 모양의 버튼을 누르면 오브젝트의 이름, 좌표, 크기, 방향, 이동 방향을 직접 수정할 수 있습니다.

❺ **오브젝트 삭제**: 선택된 오브젝트를 삭제합니다.

❻ **방향**: 방향은 오브젝트의 처음 상태에서 몇 도나 회전했는지를 나타냅니다. 오브젝트를 선택하면 나오는 컨트롤러 중에서 위로 나온 조절 바를 클릭한 상태에서 마우스를 움직이면 오브젝트가 회전합니다.

❼ **이동 방향**: 오브젝트의 컨트롤러 중에서 주황색 화살표가 보이는데 오브젝트가 이동할 때 진행하는 방향을 나타냅니다. 이동 방향은 매우 중요한 개념으로 혼동하기 쉽습니다.

❽ **회전방식**: 순서대로 돌리기, 좌우로 뒤집기, 고정 상태를 나타냅니다. 돌리기 상태에서는 오브젝트가 시계/반시계방향으로 회전하고, 뒤집기는 좌우로만 방향이 바뀝니다.

명령어 모음 창

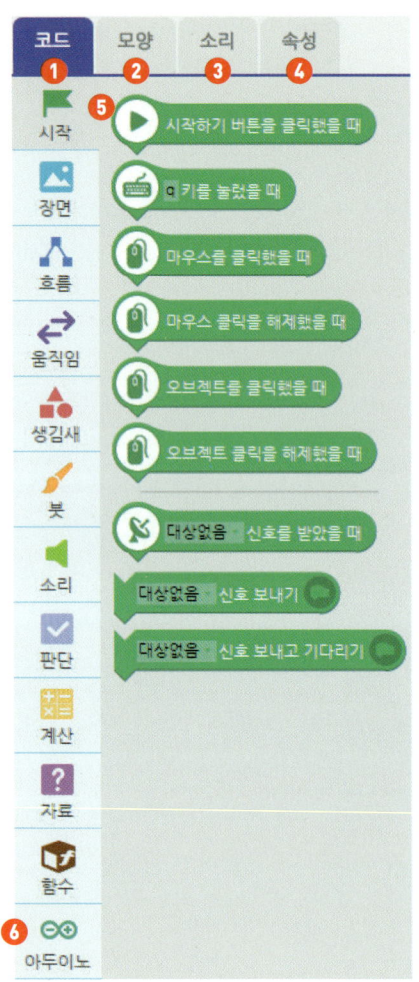

① **코드 탭**: 코드, 즉 명령 블록들이 모여 있는 창입니다. 오브젝트에 적용될 다양한 움직임이나 모양, 소리 등을 설정할 수 있습니다. 시작, 흐름, 움직임, 생김새와 같은 용도별 블록 모음이 있습니다. 가장 자주 사용하는 곳이고 엔트리의 핵심이라고 할 수 있습니다.

② **모양 탭**: 오브젝트를 추가하거나 이름을 수정하고 복제하는 등의 작업을 할 수 있는 탭입니다. 바로 하단에 있는 '모양 추가'를 통해 오브젝트를 추가할 수도 있고, '시작하기' 옆에 있는 '오브젝트 추가하기'를 통해서도 가능합니다. 애니메이션처럼 자연스러운 움직임을 보여주기 위해 모양을 다양하게 추가할 수 있습니다. 예) 사람이 걷는 동작을 여러 구분 동작으로 만들어 넣어서 연결하면 자연스럽게 걷는 모습으로 보임

③ **소리 탭**: 해당 오브젝트에 소리를 넣거나 장면에 소리를 넣을 수 있습니다. 소리 탭에서 소리를 추가하고 소리 명령어 모음의 소리 명령어 블록들을 이용합니다.

④ **속성 탭**: 전체, 변수, 신호, 리스트, 함수로 나뉘는데 전체가 선택된 상태에서는 만들어 놓은 변수, 신호, 리스트, 함수 목록이 한꺼번에 보입니다. 나머지는 각각 변수, 신호, 리스트, 함수를 만드는 창을 보여 줍니다.

⑤ **명령어 모음 탭**: 시작, 장면, 흐름 등의 명령어 모음 탭 안에는 각 용도별로 명령어 블록이 들어 있습니다. 각 명령어 블록을 명령어 조립소(코딩 창)로 드래그해서 옮겨 놓는 방식으로 코딩합니다.

⑥ **아두이노**: 아두이노 연결프로그램, 예제코드, 아두이노 실행 프로그램을 내려받을 수 있습니다.

블록 조립소

① **명령어 블록:** 각 명령어 블록은 하나의 기능을 가지고 있습니다. 여러 블록을 모아 코딩을 하면 오브젝트가 움직입니다. 한 오브젝트를 선택해서 만든 명령어 블록은 해당 오브젝트에게만 영향을 줍니다. 오브젝트 간에는 신호를 주고받을 수 있습니다.

② **휴지통:** 코드를 삭제할 수 있습니다. 원하는 코드를 떼어서 휴지통으로 끌고 오면 휴지통 뚜껑이 열리면서 코드가 삭제됩니다. 또 한 가지 방법은 삭제를 원하는 블록을 오른쪽 클릭해 삭제할 수도 있습니다.

코드: 코드는 프로그래밍 용어로 명령어가 나열된 것을 말합니다. 엔트리에서는 명령어(코드) 블록을 쌓아놓은 것을 코드라고 생각하면 됩니다.

좌표: 좌표는 X축(가로)과 Y축(세로)이 만나는 점을 각각 X: 0, Y: 0으로 정하고 이 점에서 오른쪽은 X좌표가 +값, 왼쪽은 −값이 되고, Y좌표는 위로 갈수록 +값, 아래로 갈수록 −값이 됩니다. 오브젝트가 위치한 좌표는 오브젝트 정보창에 나타나 있고, 마우스가 위치한 점의 좌표는 장면 창 위에 나타나게 됩니다.

신호: 신호는 오브젝트끼리 서로 주고받을 수 있는 코드를 정의하는 과정입니다. 신호를 정의해두면 시작 명령어 블록 모음에서 'OO 신호를 받았을 때', 'OO 신호 보내기', 'OO 신호 보내고 기다리기' 명령어 블록을 사용할 수 있습니다. 즉, 시작 블록 모음에 만들어져 있는 명령어 블록 외에도 어떤 오브젝트가 동작하기 위한 시작 코드를 직접 만들 수 있게 되는 것입니다. 예) 신호등 오브젝트에 '모두 멈춰'라는 신호를 만들고 자동차 오브젝트에 '모두 멈춰'라는 신호를 보낸다고 할 때, 자동차 오브젝트에는 '모두 멈춰'라는 신호를 받았을 때 정지하는 명령어 블록으로 코딩하게 되면 오브젝트 간에 서로 신호를 주고받아서 멈추게 됩니다. 즉, 사람이 마우스, 키보드 등으로 입력 값을 주지 않아도 오브젝트끼리 자동으로 신호를 주고받게 할 수 있습니다.

❓ 꼭 알아두세요!

〈블록 조립 방법〉 블록 꾸러미에서 사용하고 싶은 명령어 블록을 클릭한 채로 끌어서 블록 조립소로 이동(즉, 드래그)한 후 '프로그램 실행을 클릭했을 때'라는 명령어 블록 밑으로 가져가면 자동으로 블록끼리 붙게 됩니다. 떼어 내고 싶은 블록도 마찬가지로 클릭한 채로 드래그해서 떼어내면 됩니다.

〈블록은 여러 번 사용〉 블록 꾸러미에 있는 블록은 여러 번 조립소에 가져와서 사용할 수 있습니다.

블록 조립 방법	설명
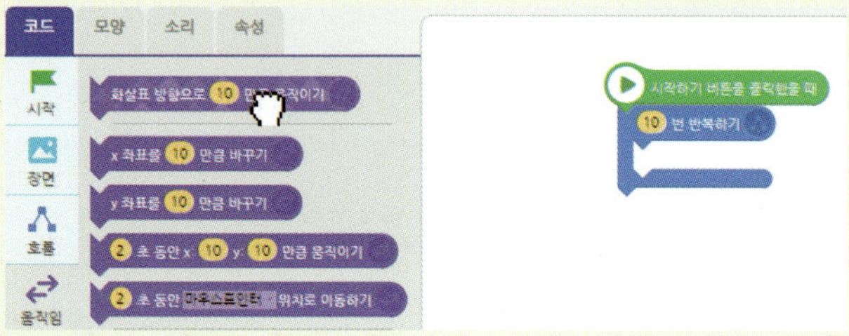	블록 꾸러미에서 원하는 명령어 블록 위에서 마우스 왼쪽 버튼을 누릅니다. 커서의 모양이 손 모양으로 바뀝니다.
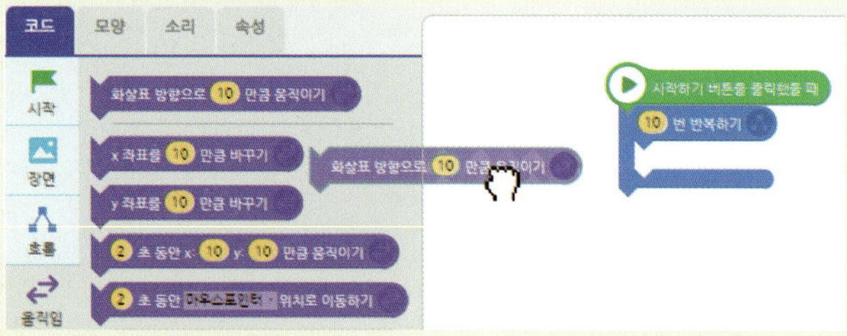	마우스 왼쪽 버튼을 누른 채 끌어오는 느낌으로 명령어 블록을 가지고 옵니다. 즉, 명령어 블록을 드래그해서 가지고 오는 것입니다.
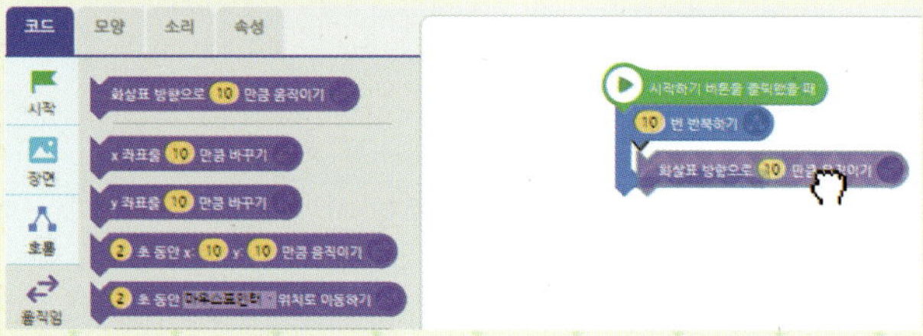	명령어 블록이 들어갈 위치로 가져갑니다. 명령어 블록이 들어갈 수 있는 위치가 되면 뾰족한 부분이 그림자처럼 표시됩니다.
	그 상태에서 누르고 있던 마우스 버튼을 떼면 '딸각'하는 소리와 함께 자석처럼 명령어 블록이 붙게 됩니다. 이렇게 조립을 하는 것입니다.

01 엔트리 월드에 간 진우

02 고장 난 풍력 발전기

02 고장 난 풍력 발전기

**시작 블록 두루마리를 받게 된 진우!
과연 그 내용이 무엇인지 함께 볼까요?**

▶ 시작하기 버튼을 클릭했을 때   시작하기 버튼을 클릭하면 아래에 연결된 블록들을 실행합니다.

q 키를 눌렀을 때   키보드에서 지정된 키를 누르면 아래에 연결된 블록들을 실행합니다.

마우스를 클릭했을 때   마우스를 클릭했을 때 아래에 연결된 블록들을 실행합니다.

마우스 클릭을 해제했을 때   마우스를 클릭했다가 떼었을 때 아래에 연결된 블록들을 실행합니다.

오브젝트를 클릭했을 때   해당 오브젝트를 클릭했을 때 아래에 연결된 블록들을 실행합니다.

오브젝트 클릭을 해제했을 때   해당 오브젝트를 클릭했다가 떼었을 때 아래에 연결된 블록들을 실행합니다.

대상없음 신호를 받았을 때   해당 신호를 받으면 연결된 블록들을 실행합니다.

대상없음 신호 보내기   목록에서 선택한 신호를 보냅니다. 해당 신호를 받는 오브젝트에게만 적용됩니다.

대상없음 신호 보내고 기다리기   목록에 선택된 신호를 보내고, 해당 신호를 받는 블록들의 실행이 끝날 때까지 기다립니다. 이때 아래에 연결된 다른 블록은 실행되지 않습니다.

미션!

우리는 다음에 제시된 블록들을 이용해
시작마을에 전기를 공급할 수 있도록 풍력발전기를 고쳐야 해!

실행과정

01_ 풍력 발전기의 날개가 서서히 회전합니다.

02_ 장면이 바뀌면서 마을에서 가로등에 불이 켜지게 합니다.

03_ 01, 02의 과정이 끝없이 반복됩니다.

오브젝트&블록

화면 구성

① '장면1'의 이름을 클릭하고 '풍력발전기'로 수정합니다.

② `+ 오브젝트 추가하기` – [배경] – [들판1]
   why? 들판 배경입니다.

③ `+ 오브젝트 추가하기` – [일반사람들] – [안경 소년]
   edit 진우(안경 소년)의 크기를 조절하고 적당한 위치에 배치합니다.

④ `+ 오브젝트 추가하기` – [엔트리가족] – [엔트리봇]
   edit 엔트리봇의 크기를 조절하고 적당한 위치에 배치합니다.

⑤ 기둥 오브젝트를 넣고 날개 오브젝트를 그 위에 배치해 풍력발전기를 만듭니다.
   why? 풍력발전기의 날개만 따로 회전시키기 위해 기둥과 날개를 구분했습니다.

① ➕를 클릭해 장면을 추가합니다.

② '장면2'의 이름을 클릭하고 '마을'로 수정합니다.

① 마을 배경을 넣습니다.

② 가로등 기둥을 넣고 크기를 조절해 배치합니다.

③ 전구를 그림과 같이 기둥 끝에 놓습니다.
   why? 전구의 모양을 바꿔서 전구가 켜지는 것과 같이 보이게 한 것입니다. 전구의 모양은 '가로등 꺼짐'으로 선택해야 합니다.

❓ 가로등의 모양 선택하기

오브젝트는 다른 모양을 여러 개 가질 수 있습니다. 1번 모양이 기본적으로 나타나는 모양입니다. 여기서는 '가로등꺼짐' 모양이 기본 모양으로 맨 위에 있어야 합니다. 모양은 위, 아래로 위치를 바꾸거나 추가, 삭제할 수 있습니다. 모양을 바꿔 주면 오브젝트의 변화나 움직임을 더 생생하게 만들 수 있습니다.

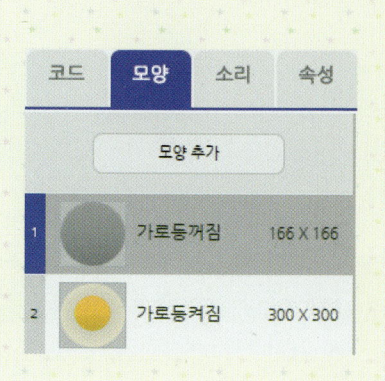

미션 해결과정

오브젝트	예시	설명

❶ '풍력발전기' 장면을 선택합니다.

❷ 오브젝트 창에서 '날개' 오브젝트를 선택합니다.

why? 엔트리에서 코딩을 하려면 늘 해당 오브젝트를 선택하고 그 '안'에 블록을 조립해야 합니다. 그렇지 않고 아무 곳에나 블록을 조립하면 원하는 대로 프로그램이 만들어지지 않습니다. 어느 오브젝트에 어떤 명령어 블록이 들어가게 되는지 항상 확인해야 오류를 줄일 수 있습니다.

02 고장 난 풍력 발전기

오브젝트	예시

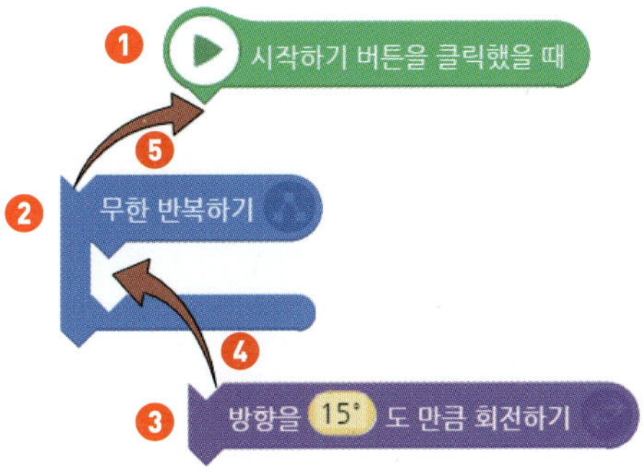

블록 조립 방법 ▲ / 블록 완성 ▼

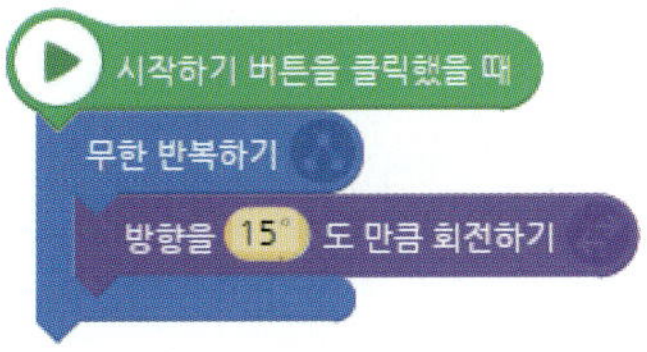

발전기 날개

설명

① `block` 코드 탭 – 시작 – 시작하기 버튼을 클릭했을 때

`why?` 프로그램이 시작하려면 ▶ 시작하기 버튼을 클릭해야 합니다. [시작하기 버튼]을 클릭했다는 것을 오브젝트가 알 수 있도록 시작하기 버튼을 클릭했을 때 라는 명령어 블록을 넣습니다.

② `block` 흐름 – 무한 반복하기

`why?` 무한 반복하기 명령어 블록 안에 포함된 명령어를 프로그램이 종료할 때까지 계속해서 반복합니다.

③ `block` 움직임 – 방향을 2 초 동안 90° 도 만큼 회전하기

`edit` 각도를 15도로 수정합니다.

`why?` 날개가 회전합니다.

오브젝트	설명

발전기 날개 | ❹ 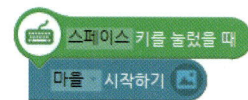 블록을 드래그해서
 블록 안으로 끼워 넣습니다.

 why? 명령어 블록 안에 있기 때문에 계속 회전합니다.

 ❺ 블록을 드래그해서
 블록에 연결합니다.

 why? '시작하기 버튼이 클릭됐을 때'라는 것은 '프로그램이 실행됐을 때'라는 의미와 같습니다. 오브젝트가 언제, 어떤 일을 하게 될지 결정하는 것이므로 매우 중요합니다. |

예시

❶
❷  ❸

블록 조립 방법 ▲ / 블록 완성 ▼

설명

❶ block

edit 'q'를 클릭한 후 '스페이스' 키를 눌러 바꿔 줍니다.

why? 키보드의 스페이스 키를 누르면 마을로 장면이 바뀝니다.

오브젝트	설명
발전기 날개	② `block` 🖼️ 장면 — `풍력발전기 시작하기 🖼️` `edit` '풍력발전기'를 클릭해 '마을'로 수정합니다. `why?` 스페이스 키를 누르면 바뀔 장면을 선택합니다. 미리 장면의 이름을 바꿔 놓아야 정확하게 나타납니다. ③ `마을 시작하기 🖼️` 블록을 `스페이스 키를 눌렀을 때` 블록에 연결합니다.
가로등 전구	예시  설명 ❶ '마을' 장면을 선택합니다. ❷ 오브젝트 창에서 '가로등 전구' 오브젝트를 선택합니다.

오브젝트	예시
가로등 전구	 블록 조립 방법 ▲ / 블록 완성 ▼ 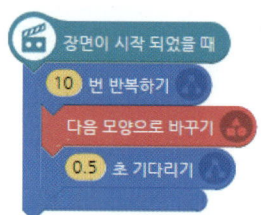

설명

①

②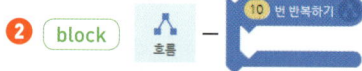

why?  블록 안에 있는 블록들을 10번 반복해서 실행합니다. 호름 블록 모음에 있는 블록들을 뒤에서 자세히 다룹니다. 이는 전구가 깜빡이는 것처럼 보이기 위함입니다.

③

why? 가로등 전구는 기본 모양인 '가로등꺼짐'과 '가로등켜짐' 모양을 가지고 있습니다. 다음 모양으로 바꾸기 명령어 블록을 이용해 다음 모양으로 바꾸어 주는 것을 반복해 마치 전구가 깜빡이다가 켜지는 것과 같은 결과를 볼 수 있습니다.

오브젝트	설명
가로등 전구	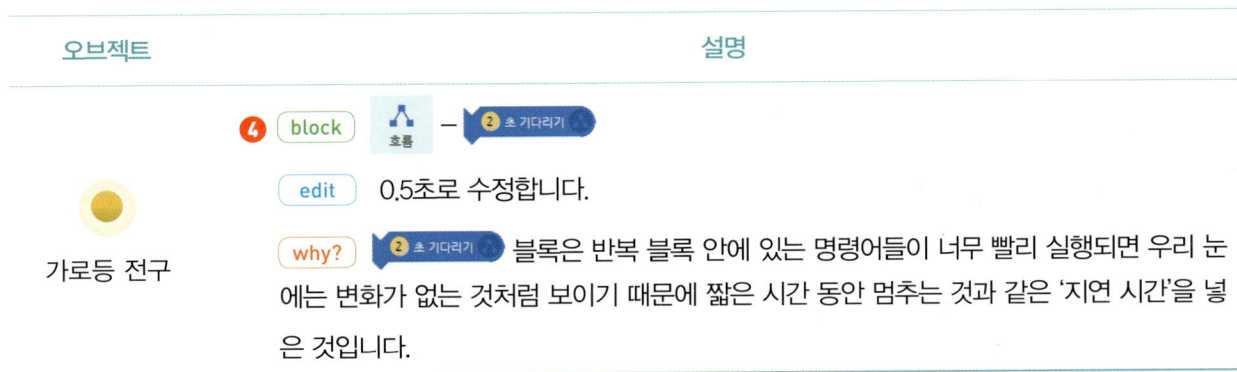

? 값은 어떻게 바꾸나요?

블록 안에 숫자나 글자로 된 값은 마음대로 바꿀 수 있습니다. 숫자가 있는 부분을 클릭한 후 원래 있던 숫자를 지우고 내가 원하는 숫자를 입력합니다.

한걸음 나아가기

이 프로젝트에서는 시작 블록 중에서 ▶ 시작하기 버튼을 클릭했을 때 와 ■ 키를 눌렀을 때 와 같은 블록을 사용했습니다. ▶ 시작 블록 모음에 있는 블록들은 말 그대로 프로젝트에서 오브젝트들이 어떤 실행을 하기 위해 시작하는 방법을 정해주는 아주 중요한 블록입니다. 시작 블록이 없는 코드는 실행되지 않습니다.

시작 블록들을 이용해 프로젝트를 마음대로 바꿔 봅시다. 예를 들어, 풍력발전기를 클릭했을 때 실행되게 할 수 있습니다.

- 가로등을 더 추가해 봅시다.
- 풍력발전기를 클릭했을 때 회전하게 만들어 봅시다.

02 고장 난 풍력 발전기

메모

03 모든 움직임을 제어하는 '움직임 마스터'

03 모든 움직임을 제어하는 '움직임 마스터'

**움직임 블록 두루마리가 나타났어요!
미션을 해결하기 위해 잘 읽어봅시다!**

`화살표 방향으로 10 만큼 움직이기`

장면에서 오브젝트를 클릭했을 때 주황색의 화살표가 보입니다. 이 화살표는 움직이는 데 기준(이동 방향)이 됩니다. 이 화살표의 방향으로 자신이 지정한 만큼 움직이게 하는 블록입니다.

`x 좌표를 10 만큼 바꾸기`

오브젝트의 x 좌표를 10만큼 바꾸라는 블록입니다. 오브젝트의 좌표(오브젝트가 화면에서 자리 잡은 위치를 숫자로 표현한 것)는 실행화면 아래 오브젝트 부분에 나타납니다. 좌푯값은 x, y 두 가지로 x는 왼쪽 오른쪽, y는 위 아래를 의미합니다. x 좌표를 10만큼 바꾼다는 것은 오브젝트의 위치를 오른쪽으로 10만큼, x 좌표를 −10만큼 바꾼다는 것은 오브젝트의 위치를 왼쪽으로 10만큼 바꾼다는 의미입니다. 숫자는 원하는 대로 바꿀 수 있습니다.

`y 좌표를 10 만큼 바꾸기`

오브젝트의 위치를 위아래로 바꿀 때 사용하는 블록입니다.

`2 초 동안 x: 10 y: 10 만큼 움직이기`

2초의 시간에 걸쳐 자신이 지정한 만큼의 거리를 이동시킬 수 있는 블록입니다. 천천히 움직이려면 앞의 시간을 늘리고 빠르게 움직이려면 앞의 시간을 짧게 줄입니다. 이 블록에서 지정하는 좌푯값은 화면의 어떤 한 위치가 아닌 움직이는 거리를 의미합니다.

2초의 시간에 걸쳐 블록이 실행되는 순간에 마우스의 위치 쪽으로 오브젝트를 이동시키는 블록입니다. 시간과 위치는 선택해 바꿀 수 있습니다. 화면에 오브젝트가 여럿 있다면 마우스 포인터 이외에 프로젝트에 나타나 있는 오브젝트의 위치로 설정을 바꿀 수도 있습니다.

자신이 지정한 x 좌표 또는 y 좌표의 위치로 오브젝트를 이동시키는 블록입니다. 위에서 설명한 바꾸기는 처음 시작한 위치에서 일정한 거리만큼 움직이는 것을 뜻하고 위치로 이동하기는 지정한 위치로 이동합니다.

시작 x: -120

x 좌표를 100만큼 바꾸기 x: -20

x: 100 위치로 이동하기 x: 100

03 모든 움직임을 제어하는 '움직임 마스터'

`x: 0 y: 0 위치로 이동하기`

자신이 지정한 x, y 좌표의 위치로 오브젝트를 이동시키는 블록입니다.

`2 초 동안 x: 10 y: 10 위치로 이동하기`

2초의 시간 동안 자신이 지정한 좌표의 위치로 오브젝트를 이동시키는 블록입니다.

`마우스포인터 위치로 이동하기`

프로젝트를 실행했을 때 선택한 오브젝트가 마우스 포인터의 위치로 이동하는 블록입니다.

`방향을 90° 도로 정하기`

오브젝트가 바라보는 방향을 정합니다. 방향을 정할 경우 다시 방향을 정해 줄 때까지 항상 그 방향으로 향합니다. 또한, 방향이 바뀌면서 이동 방향 화살표의 방향도 함께 바뀌게 된다는 점을 주의해야 합니다. 다만 이동 방향의 화살표는 따로 지정할 수 있습니다.

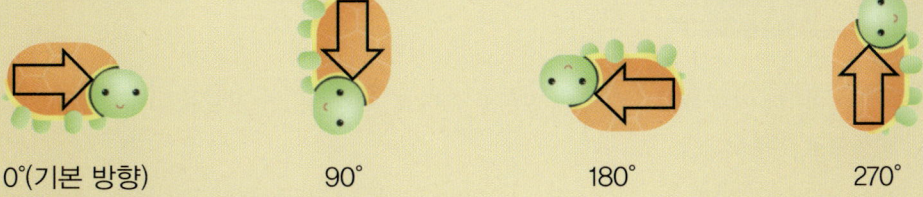

0°(기본 방향)　　　90°　　　180°　　　270°

`방향을 2 초 동안 90° 도 만큼 회전하기`

오브젝트가 바라보는 방향에서 정해준 시간 동안 정해 준 각도만큼 회전하게 하는 블록입니다. 따라서 처음 바라보는 방향에 따라 결과가 다르게 나타납니다. 회전 속도는 정해주는 시간에 따라 달라집니다.

방향을 90° 도 만큼 회전하기

오브젝트가 바라보는 방향을 바꿉니다. 정하기는 지정된 각도로 변하는 것이고 회전하기의 경우 시작 오브젝트의 방향에 따라서 결과가 달라집니다.

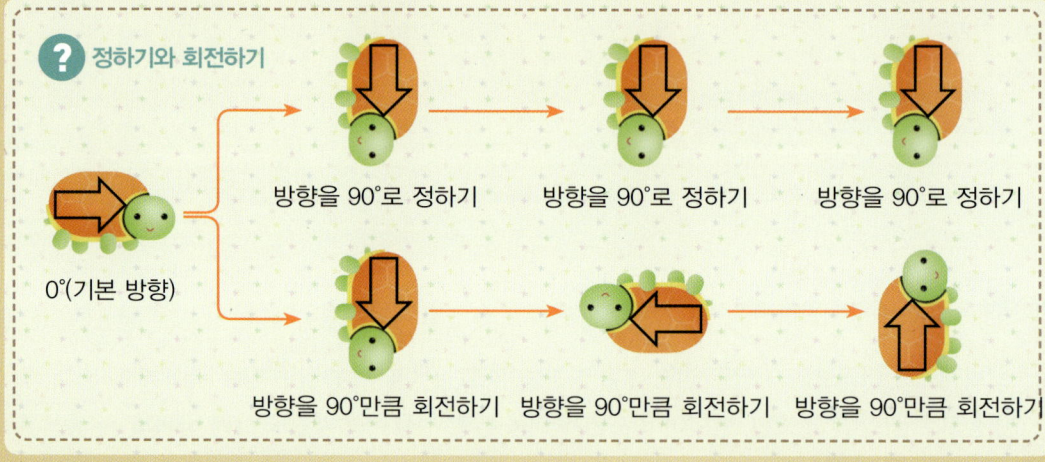

이동 방향을 90° 도로 정하기

오브젝트에 나타나는 이동 방향 화살표의 방향을 정하는 것으로 이동 방향을 다시 정할 때까지 항상 그 방향으로 이동합니다.

이동 방향을 90° 도 만큼 회전하기

오브젝트에 나타나는 이동 방향 화살표의 방향을 바꾸는 것입니다. 정하기 블록은 지정된 각도로 변하는 것이고 회전하기 블록의 경우 시작 오브젝트의 화살표 방향에 따라서 결과가 달라집니다.

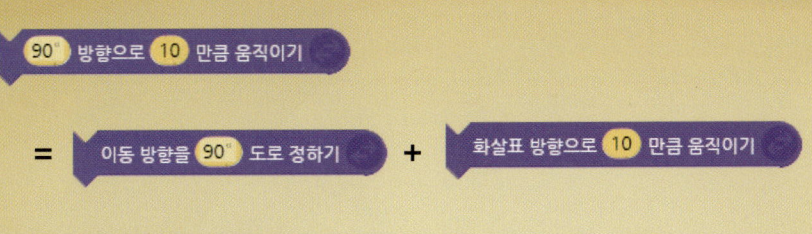

마우스포인터 쪽 바라보기

오브젝트를 실행했을 때 마우스 포인터가 있는 쪽으로 오브젝트의 방향이 바뀌는 블록입니다. 마우스 포인터 뿐만 아니라 오브젝트가 여럿 있을 때 다른 오브젝트가 위치한 방향으로 바꿀 수도 있습니다.

화면 끝에 닿으면 튕기기

오브젝트가 계속 이동하여 화면의 끝에 닿으면 벽에서 튕겨져 이전 진행 방향과 반대로 진행하도록 하는 블록입니다.

미션! 토끼와 거북이의 경주를 만들어 보자. 토끼는 시간과 장소에 따라 자동으로 움직이게 하고 거북이는 키보드를 이용해서 움직일 수 있게 도와주자!

실행과정

01_ 토끼와 거북이가 출발선 위에 있습니다.

02_ 시작 버튼을 누르면 토끼는 빠르게 나무 위치로 이동합니다.

03_ 토끼는 나무 앞에서는 천천히 움직입니다.

04_ 거북이는 키보드의 화살표를 누를 때마다 10씩 화살표 방향으로 이동합니다.

05_ 토끼는 나무를 지나면 다시 빠르게 결승점으로 이동합니다.

06_ 거북이는 원하는 위치만큼만 이동할 수 있습니다.

오브젝트&블록

오브젝트 모양	명령어 블록
토끼	▶ 시작하기 버튼을 클릭했을 때 2 초 동안 나무2 위치로 이동하기 4 초 동안 x: 30 y: 0 만큼 움직이기 1 초 동안 x: 210 y: -25 위치로 이동하기
거북이	왼쪽 화살표 키를 눌렀을 때 / 위쪽 화살표 키를 눌렀을 때 오른쪽 화살표 키를 눌렀을 때 / 아래쪽 화살표 키를 눌렀을 때 이동 방향을 0° 도로 정하기 / 이동 방향을 180° 도로 정하기 이동 방향을 90° 도로 정하기 / 이동 방향을 270° 도로 정하기 화살표 방향으로 10 만큼 움직이기 x 4

화면 구성

① 오브젝트 추가하기에서 운동장, 나무, 거북이, 토끼를 추가합니다.

② 오브젝트의 위치와 크기는 장면에서 마우스를 이용해 바꿀 수 있습니다.

③ 정확한 위치나 크기를 지정하고 싶을 때에는 미션 해결과정에서의 설명을 참고합니다.

미션 해결과정

오브젝트	설명
 배경  나무	① 배경 오브젝트를 가져옵니다. ② 나무 오브젝트를 가져옵니다. ③ `edit` 나무 오브젝트의 크기는 마우스를 이용하여 원하는 크기로 바꿀 수 있습니다. ④ `edit` 나무 오브젝트의 위치는 한 가운데로 설정하였으나 각자의 개성에 따라 마우스를 이용하여 위치를 바꿀 수 있습니다.

03 모든 움직임을 제어하는 '움직임 마스터'

오브젝트	예시

토끼

설명

① 불러온 오브젝트는 기본적으로 가운데에 위치합니다. 마우스를 이용해 원하는 위치나 크기를 바꿀 수 있지만 그림과 같이 많은 오브젝트가 겹친 경우에는 수정하기가 어렵습니다.

② 토끼 오브젝트의 위치와 크기를 수정하기 위해 토끼 오브젝트를 선택합니다.

③ 위치와 크기를 수정하기 위해 연필 모양을 클릭합니다.

④ `edit` 오브젝트의 이름과 위치, 크기, 방향, 이동 방향을 수정할 수 있게 창이 바뀝니다. X는 -200, Y는 -25, 크기는 65로 수정합니다.

⑤ 숫자를 모두 수정한 뒤 다시 연필 모양을 클릭합니다. 연필 모양을 다시 클릭하지 않을 경우 수정이 되지 않습니다.

⑥ 토끼의 위치와 크기가 바뀐 것을 확인합니다.

오브젝트	예시
	① 시작하기 버튼을 클릭했을 때
	② 2초 동안 나무 위치로 이동하기
	③ 4초 동안 x: 30 y: 0 만큼 움직이기
	④ 1초 동안 x: 210 y: 0 위치로 이동하기

설명

① `block` 시작 — 시작하기 버튼을 클릭했을 때

`why?` 토끼 오브젝트는 시작하자마자 바로 움직이기 때문에 사용합니다.

② `block` 움직임 — 2초 동안 마우스포인터 위치로 이동하기

`edit` 마우스포인터 옆의 화살표를 누르면 다른 기준으로 선택할 수 있는 창이 나옵니다. 마우스포인터 를 나무 로 수정합니다.

`why?` 토끼 움직임의 기준은 나무이므로 나무 위치로 이동하게 합니다.

토끼

③ `block` 움직임 — 2초 동안 x: 10 y: 10 만큼 움직이기

`edit` 2초 x: 10 y: 10을 4초 x: 30 y: 0으로 수정합니다. 노란색 숫자를 클릭하면 숫자를 수정할 수 있습니다.

2초 동안 x: 10 y: 10 만큼 움직이기 ➡ 4초 동안 x: 30 y: 0 만큼 움직이기

`why?` 토끼의 움직임을 확인하면서 다른 숫자로 수정해도 됩니다. x: 0 y: 0으로 수정할 경우 토끼가 움직이지 않습니다.

④ `block` 움직임 — 2초 동안 x: 10 y: 10 위치로 이동하기

`edit` 2초 x: 10 y: 10을 1초 x: 210 y: 0으로 수정합니다.

2초 동안 x: 10 y: 10 위치로 이동하기 ➡ 1초 동안 x: 210 y: 0 위치로 이동하기

`why?` 토끼의 움직임을 확인하면서 다른 숫자로 수정해도 됩니다. 위에 수정한 위치가 아닌 다른 위치로 이동하는 것을 원한다면 장면의 원하는 위치에 마우스를 가져다 놓고 위쪽에 나타난 좌표를 입력하면 됩니다.

03 모든 움직임을 제어하는 '움직임 마스터'

오브젝트	설명
거북이	❸ `block` 움직임 — 화살표 방향으로 10 만큼 움직이기 `edit` 노란색 칸의 숫자를 원하는 숫자로 바꿉니다. `why?` 숫자가 작으면 거북이가 느리고 숫자가 크면 거북이가 빨라집니다. ❹ 아래쪽(180°), 오른쪽(90°), 왼쪽(-270°)에 알맞은 블록을 찾아 만듭니다.

한걸음 나아가기

우리가 만든 토끼와 거북이는 혼자 할 수 있는 간단한 게임과 같습니다.

1. 다른 키 블록을 이용해 두 사람이 할 수 있는 프로젝트를 만들어 보세요.

2. 방향과 이동 방향의 차이를 정확하게 알고 있나요? 토끼가 뒤쪽을 보고 앞으로 가는 프로젝트를 만들어보세요. Hint – 토끼의 방향은 뒤쪽(-270°)이고 토끼의 이동 방향은 앞쪽(90°)으로 만들면 됩니다.

04 순식간에 모습을 바꾸는 '생김새 마스터'

04. 순식간에 모습을 바꾸는 '생김새 마스터'

생김새 블록 두루마리다!
미션을 해결하기 위해 잘 읽어봐야 해!

`모양 보이기` — 화면에 오브젝트를 보이게 합니다.

`모양 숨기기` — 화면에 오브젝트를 보이지 않게 합니다.

`안녕! 을(를) 4 초 동안 말하기` — 입력내용 '안녕!'을 입력시간 '4'초 동안 말하게 합니다.
※ 이때 입력내용 칸과 입력시간 칸에서 자유롭게 내용을 바꿀 수 있습니다.

`안녕! 을(를) 말하기` — 입력내용 '안녕!'을 말함과 동시에 다음 블록이 실행됩니다.

`말하기 지우기` — 말하기 블록으로 생성한 말풍선을 지웁니다.

`엔트리봇_옆모습 모양으로 바꾸기` — 해당 오브젝트를 선택한 모양으로 바꿉니다.

`다음 모양으로 바꾸기` — 해당 오브젝트를 저장돼 있는 다음 모양으로 바꿉니다.
※ 모양 탭에서 모양을 확인하고 추가도 할 수 있습니다.

| 색깔▼ 효과를 10 만큼 주기 | 선택한 효과 '색깔'을 입력한 값 '10'만큼 줍니다.
※ 색깔, 밝기, 투명도를 선택할 수 있습니다. |

색깔▼ 효과를 100 로 정하기 — 오브젝트에서 선택한 '색깔' 효과를 입력한 값 '100'으로 정합니다.

효과 모두 지우기 — 적용된 효과를 모두 지웁니다.

크기를 10 % 만큼 바꾸기 — 오브젝트의 크기를 입력한 값 '10%'만큼 바꿉니다. 예를 들어 숫자가 커질수록 오브젝트의 크기가 커지며 마이너스 '-'를 입력하면 크기가 작아집니다.

크기를 10 % 로 정하기 — 오브젝트의 크기를 입력한 값으로 정합니다. 예를 들어 10%로 크기를 정한다면 1/10 크기로 변합니다.

상하 모양 뒤집기 — 위, 아래로 모양을 뒤집습니다.

좌우 모양 뒤집기 — 좌우로 모양을 뒤집습니다.

1▼ 번째로 올라오기 — 여러 개의 오브젝트가 있는 경우 설정한 순서 '1'로 올라옵니다.

04. 순식간에 모습을 바꾸는 '생김새 마스터'

앵무새에게 다가가 말을 가르쳐 보자!

실행과정

01_ 진우와 앵무새가 멀리 떨어져 있습니다.

02_ 시작 버튼을 누르면 진우가 앵무새에게 다가갑니다.

03_ 진우가 앵무새에게 '미남이시군요'라는 말을 가르칩니다.

04_ 앵무새는 진우의 말을 따라하며 날개를 움직입니다.

오브젝트&블록

오브젝트 모양		명령어 블록
진우(안경소년)	시작하기 버튼을 클릭했을 때 / 미남이시군요 을(를) 2 초 동안 말하기	2 초 동안 x: 10 y: 10 위치로 이동하기 / 만남 신호 보내기
앵무새	만남 신호를 받았을 때 / 다음 모양으로 바꾸기	미남이시군요 을(를) 2 초 동안 말하기

화면 구성

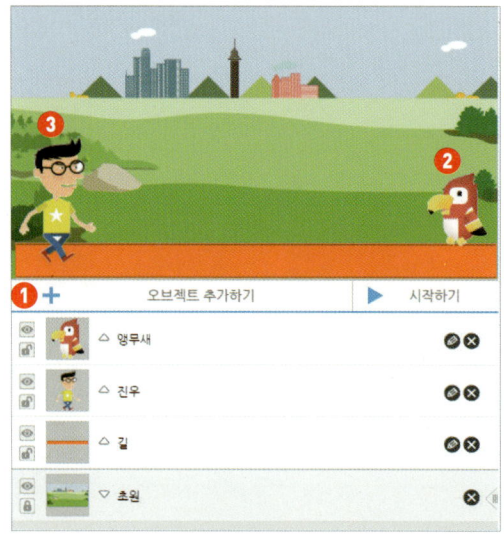

❶ [+ 오브젝트 추가하기] 에서 배경(초원), 안경소년, 앵무새, 길 등을 추가합니다. 여기서 '길'을 추가하는 방법은 아래 오브젝트에서 설명하겠습니다.

❷ 앵무새는 오른쪽 가장자리로 옮겨줍니다.

❸ 안경소년은 왼쪽 가장자리에 위치해줍니다.

미션 해결과정

오브젝트	예시	설명
진우		❶ [edit] 처음 방향은 왼쪽을 바라보고 있기 때문에 '좌우뒤집기' 버튼을 클릭해서 방향을 수정합니다. ❷ [edit] '저장하기'를 클릭하면 장면 화면에 반영됩니다. ❸ [edit] 방향이 바뀐 것을 확인할 수 있습니다.

04. 순식간에 모습을 바꾸는 '생김새 마스터'

오브젝트	예시

진우	① 시작하기 버튼을 클릭했을 때 ② 2 초 동안 x: 190 y: -65 위치로 이동하기 ③ 미남이시군요 을(를) 2 초 동안 말하기

설명

① `block` 🚩시작 – 시작하기 버튼을 클릭했을 때

② `block` ⇄움직임 – 2 초 동안 x: 10 y: 10 만큼 움직이기

`edit` 2초 동안 x: 190 y: -65 위치로 이동하기로 값을 수정합니다.

`why?` 순식간에 이동하기보다 시간을 두고 천천히 움직이기 위해 2초의 시간을 주고, 앵무새에 닿는 좌표를 입력해 줍니다.

③ `block` 🚩시작 – 안녕! 을(를) 4 초 동안 말하기

`edit` 앵무새에게 가르칠 말인 '미남이시군요'를 2초 동안 말하도록 값을 수정합니다.

예시

설명

① `속성` 탭에서 신호를 만듭니다.

② 클릭해서 신호를 추가합니다.

③ 신호의 이름을 설정합니다.

④ 신호를 저장합니다.

`why?` 신호를 만들어 오브젝트끼리 신호를 주고받을 수 있습니다.

04. 순식간에 모습을 바꾸는 '생김새 마스터'

오브젝트	예시

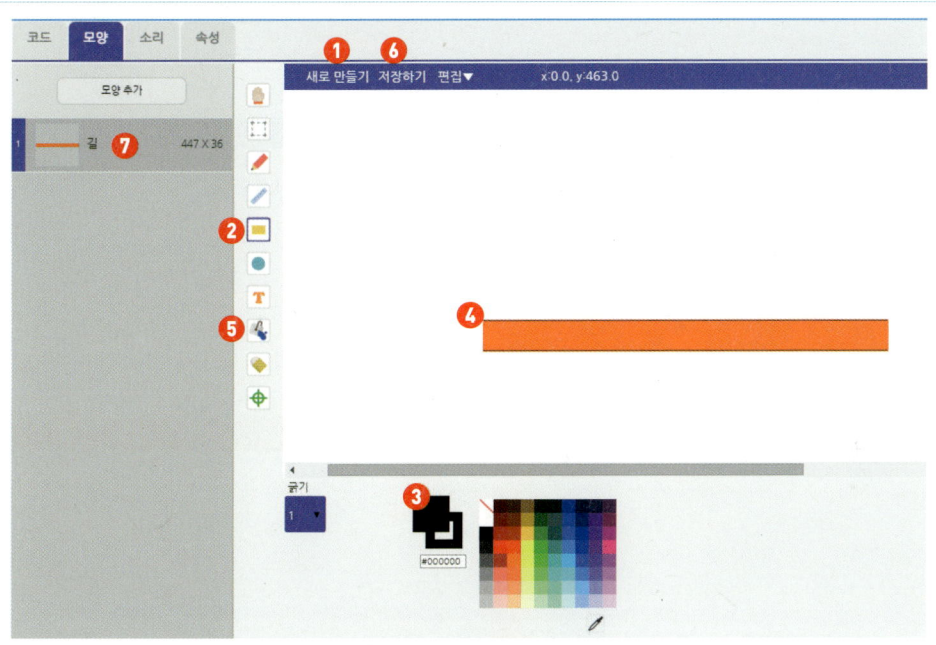

길

설명

❶ '새로만들기'를 클릭해 새로운 오브젝트를 그립니다.

❷ '사각형' 툴로 사각형을 그립니다.

❸ 선의 색을 지정합니다.

❹ '길'을 그립니다.

❺ 사각형에 색을 채웁니다.

❻ 저장하기를 클릭해 그리기를 완료합니다.

❼ 이름을 '길'로 바꿉니다.

❓ 그림판 사용법

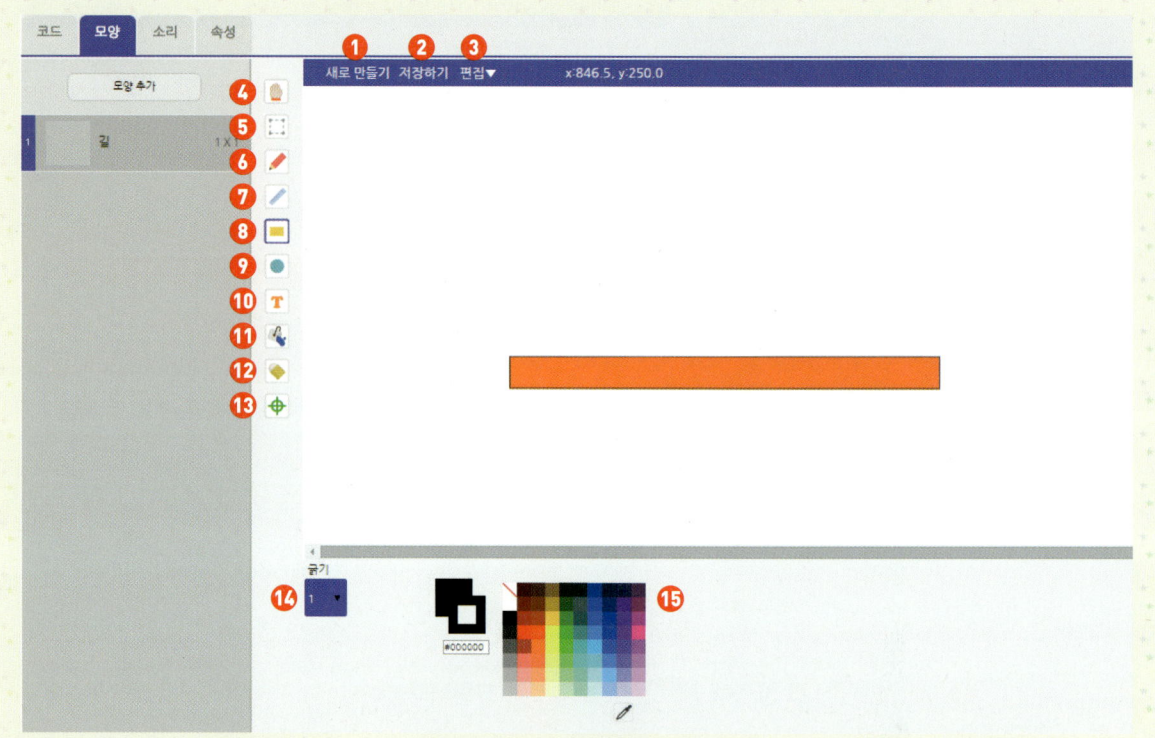

① 새로 그림을 그립니다.

② 이미지를 저장합니다.

③ 가져오기, 복사하기, 자르기, 붙이기, 모두지우기를 사용할 수 있습니다.

④ 이미지를 이동합니다.

⑤ 선택한 영역을 자릅니다.

⑥ 펜 툴입니다. 자유롭게 그림을 그릴 수 있습니다.

⑦ 직선을 그립니다.

⑧ 사각형을 그립니다.

⑨ 원을 그립니다.

⑩ 글상자를 넣어 글을 쓸 수 있습니다.

⑪ 페인트 툴입니다. 색을 채워 넣을 수 있습니다.

⑫ 지우개입니다. 그림을 지웁니다.

⑬ 눈금을 표시합니다.

⑭ 펜 또는 선의 굵기를 정합니다.

⑮ 색을 지정할 수 있습니다.

한걸음 나아가기

앵무새의 크기와 색깔도 바꿔 볼까요? 어떻게 하면 크기와 색깔을 바꿀 수 있는지 아래 노트에 나타내 봅시다.

활용 블록	노트
색깔▼ 효과를 10 만큼 주기	
색깔▼ 효과를 100 로 정하기	
크기를 10 % 만큼 바꾸기	
크기를 10 % 만큼 바꾸기	

05 조건과 반복을 관리하는 '흐름 마스터'

05 조건과 반복을 관리하는 '흐름 마스터'

**흐름 블록 두루마리다!
미션을 해결하기 위해 잘 읽어봐야 해!**

`2 초 기다리기` — 2초만큼 기다렸다가 프로그램이 진행됩니다.

`10 번 반복하기` — 안에 있는 블록들을 10번 반복해서 실행합니다. 몇 번 반복할 것인지는 바꿀 수 있습니다.

`무한 반복하기` — 안에 포함된 블록들을 끝없이 반복합니다.
반복 중단하기를 만나면 반복을 멈춥니다.

`사실 인 동안 반복하기` — `사실`에 들어간 내용이 맞는 말일 때는 계속 반복됩니다.
틀린 말이 되면 반복이 멈춥니다.

`반복 중단하기` — 이 블록이 들어가 있는 반복을 중단시킵니다.

`만일 사실 이라면` — 만약 `사실`이 맞는 말이라면 안에 있는 블록들을 실행합니다.

블록	설명
만일 `사실` 이라면 / ① / 아니면 / ②	만약 `사실` 이 맞는 말이라면 ①에 있는 블록들을 실행하고, 만약 `사실` 이 틀린 말이라면 ②에 있는 블록들을 실행합니다.
처음부터 다시 실행하기	연결된 블록의 제일 처음부터 다시 실행합니다.
모든 오브젝트 멈추기	모든 오브젝트 또는 하나의 오브젝트를 멈추게 합니다.
`사실` 이 될때까지 기다리기	`사실` 이 맞는 말이 될 때까지 기다립니다.
복제본이 처음 생성되었을때	복제본이 처음 만들어 졌을 때 실행되는 블록들을 연결하는 시작하기 블록입니다.
자신 의 복제본 만들기	오브젝트를 선택해 복제본을 만듭니다.
이 복제본 삭제하기	이 블록이 들어가 있는 복제본을 삭제합니다.
모든 복제본 삭제하기	모든 복제본을 삭제합니다.

05 조건과 반복을 관리하는 '흐름 마스터'

미션! 우리는 아래의 명령어 블록를 이용해 엔트리 월드에 해와 달이 뜨도록 만들어야 해!

실행과정

01_ 시작하기를 누르면 해가 나타납니다.

02_ 12시간이 지나면 해는 달 모양으로 바뀌고, 배경도 그라데이션으로 변합니다.

03_ 또 12시간이 지나면 달이 해가 되고 배경도 흰색으로 변합니다.

04_ 앞의 과정이 끝없이 반복됩니다.

오브젝트&블록

오브젝트 모양		명령어 블록	
해	시작하기 버튼을 클릭했을 때		밤 신호 보내기
	무한 반복하기		낮 신호 보내기
			10 초 기다리기
	모양 보이기		모양 숨기기
달	낮 신호를 받았을 때		밤 신호를 받았을 때
	모양 보이기		모양 숨기기

오브젝트 모양	명령어 블록
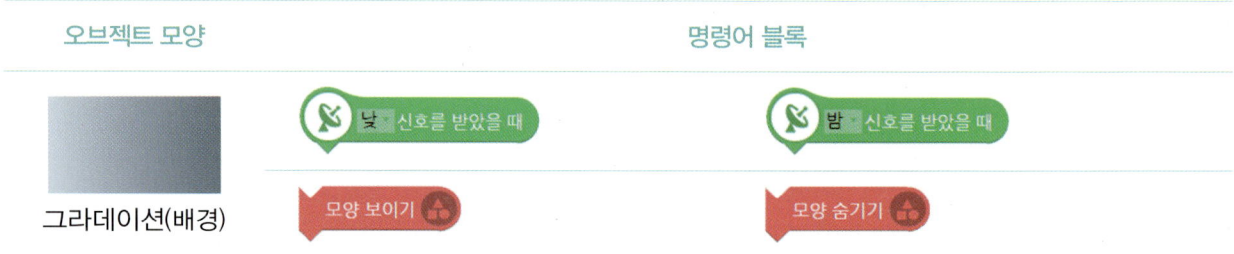 그라데이션(배경)	

화면 구성

① 오브젝트 추가하기에서 해, 달, 그라데이션(배경)을 추가합니다.

② '해' 오브젝트와 '달' 오브젝트의 크기를 모두 100으로 수정합니다.

③ '해'와 '달' 오브젝트를 적절한 위치에 가져다 놓습니다.

※ 그라데이션을 가장 아래 순서로 두어야 다른 오브젝트가 가려지지 않습니다.

미션 해결과정

오브젝트	예시
해	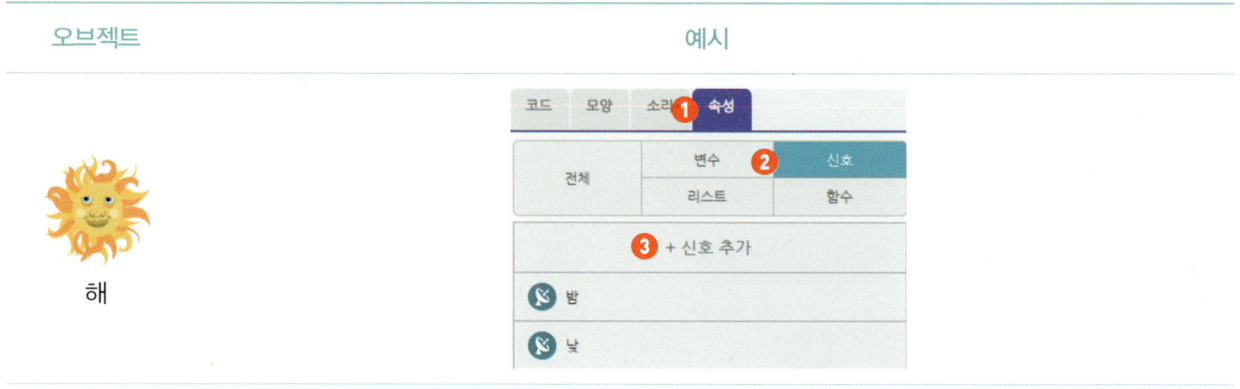

05 조건과 반복을 관리하는 '흐름 마스터'

오브젝트	설명
	① `속성` 탭을 클릭합니다.
	② `신호` 탭을 클릭합니다
	③ `+ 신호 추가` 를 클릭해 '낮' 신호와 '밤' 신호를 추가합니다.
	why? 신호는 오브젝트 사이에 신호를 주고 받을 때 사용됩니다. 이 프로그램에서는 배경 오브젝트와 해/달 오브젝트가 서로 신호를 주고받습니다.

	예시
해	① 시작하기 버튼을 클릭했을 때 ② 무한 반복하기

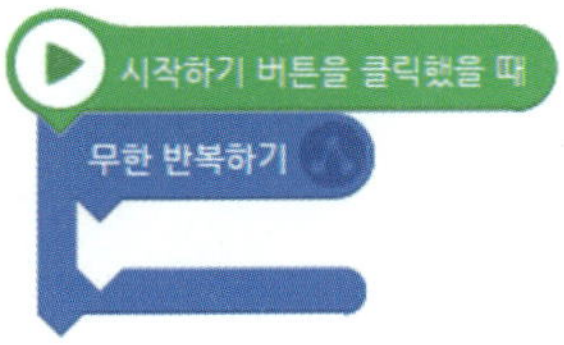

	설명
	① `block` 시작 — 시작하기 버튼을 클릭했을 때
	② `block` 흐름 — 10 번 반복하기
	why? 해와 달에게 반복해서 명령을 주기위해 이 블록을 사용합니다.

? **무한 반복하기 블록이 어려워요**

[무한 반복하기] 블록의 사이에 다른 블록들을 연결할 수 있습니다. 프로그램이 실행되면 이 사이에 연결한 블록들을 끝없이 반복하는 역할을 합니다.

오브젝트	예시

설명

해

①

why? 처음은 '낮'으로 시작하도록 '낮' 신호를 보내는 것입니다.

②

why? '낮' 신호를 보내고난 뒤 '해' 오브젝트가 보이게 하는 명령입니다.

③

edit 시간을 10초로 수정합니다.

why? 실제로는 12시간을 기다려야 하지만 여기서는 10초로 설정합니다.

④

edit 신호를 '밤'으로 변경합니다.

why? 10초가 지난 후 '밤'으로 바뀌도록 신호를 보내는 것입니다.

05 조건과 반복을 관리하는 '흐름 마스터'

오브젝트	설명
해	❺ block 생김새 — 모양 보이기 why? '밤'이 되면 해가 안 보여야 하므로 모양을 숨기는 것입니다. ❻ block 흐름 — 2초 기다리기 ❼ 지금까지 붙인 블록을 무한 반복하기 블록으로 드래그해서 안쪽에 붙여줍니다.

	예시
	❶ 낮 신호를 받았을 때 ❷ 모양 숨기기 ❸ 밤 신호를 받았을 때 ❹ 모양 보이기

오브젝트	설명
달	❶ block 시작 — 대상없음 신호를 받았을 때 ❷ block 생김새 — 모양 숨기기 why? '낮' 신호를 받았을 때는 '달' 오브젝트가 보이지 않게 합니다. ❸ block 시작 — 대상없음 신호를 받았을 때 ❹ block 생김새 — 모양 보이기 why? '밤' 신호를 받았을 때는 '달' 오브젝트가 보이게 합니다.

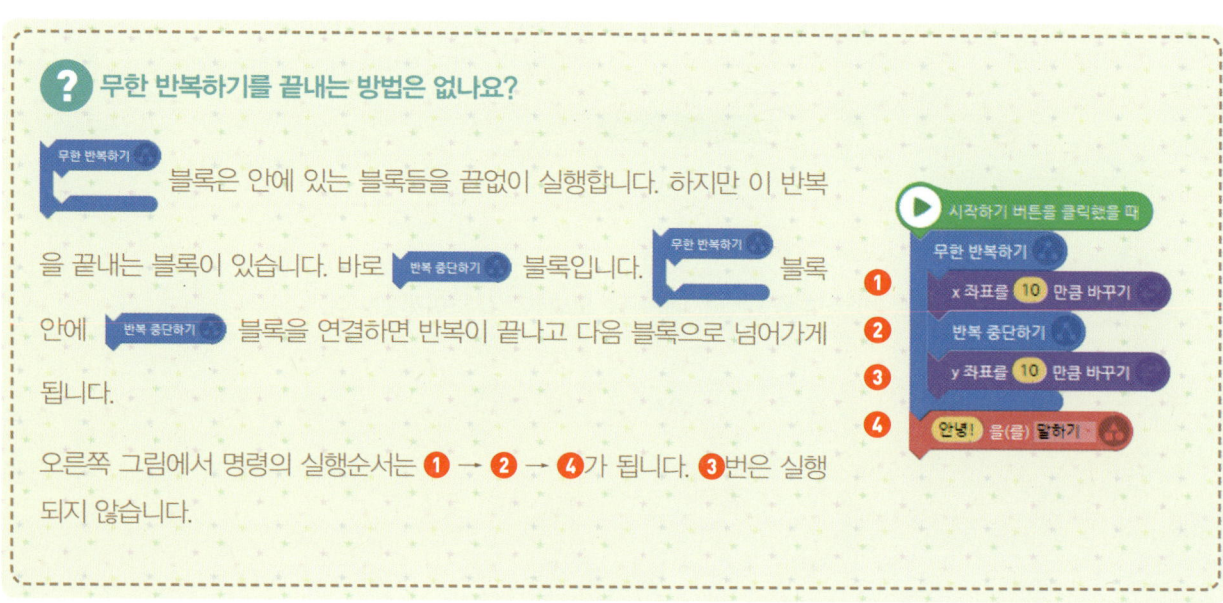

한걸음 나아가기

다음에 나타난 블록을 보면 며칠 동안만 해와 달이 뜰까요? (해와 달이 한 번씩 뜨고 지면 하루가 지나간 것입니다.)

06 참이냐 거짓이냐 그것이 문제로다 '판단 마스터'

판단 블록 두루마리다!
미션을 해결하기 위해 잘 읽어야 해!

'참' 이라는 말의 의미: 그 문장이 옳은 말이라는 뜻입니다.
'거짓' 이라는 말의 의미: 그 문장이 틀린 말이라는 뜻입니다.

`마우스를 클릭했는가?`
마우스를 클릭했다면 '참'을 나타냅니다.
클릭하지 않았다면 '거짓'을 나타냅니다.

`q 키가 눌러져 있는가?`
키보드의 'q' 키가 눌러져 있다면 '참'을 나타냅니다.
다른 키가 눌러져 있거나 키보드가 눌러져 있지 않다면 '거짓'을 나타냅니다.

`엔트리봇 에 닿았는가?`
오브젝트 칸을 눌러 등록한 오브젝트 중 하나를 선택할 수 있습니다.
선택한 오브젝트에 닿았다면 '참'을 나타냅니다.
닿지 않았다면 '거짓'을 나타냅니다.

`리스트 에 ○ 이 포함되어 있는가?`
리스트 칸을 눌러 등록한 리스트 중 하나를 선택할 수 있습니다.
선택한 리스트 안에 ○ 안에 있는 값이 포함돼 있으면 '참'을 나타냅니다.
포함돼 있지 않다면 '거짓'을 나타냅니다.

`○ = ○`
왼쪽의 ○ 와 오른쪽의 ○ 값이 같으면 '참'을 나타냅니다.
왼쪽과 오른쪽의 값이 다르면 '거짓'을 나타냅니다.

| `( > )` | 왼쪽의 ◯ 값이 오른쪽의 ◯ 보다 크면 '참'을 나타냅니다.
왼쪽의 값이 오른쪽과 같거나 더 작으면 '거짓'을 나타냅니다. |

| `( < )` | 왼쪽의 ◯ 값이 오른쪽의 ◯ 보다 작으면 '참'을 나타냅니다.
왼쪽의 값이 오른쪽과 같거나 더 크면 '거짓'을 나타냅니다. |

| `( >= )` | 왼쪽의 ◯ 값이 오른쪽의 ◯ 과 같거나 더 크면 '참'을 나타냅니다.
왼쪽의 값이 오른쪽보다 작으면 '거짓'을 나타냅니다. |

| `( <= )` | 왼쪽의 ◯ 값이 오른쪽의 ◯ 과 같거나 더 작으면 '참'을 나타냅니다.
왼쪽의 값이 오른쪽보다 크면 '거짓'을 나타냅니다. |

| `사실 그리고 사실` | 왼쪽의 `사실` 에 들어간 말과 오른쪽의 `사실` 에 들어간 말이 모두 맞는 말 일 때 '참'을 나타냅니다.
둘 중 하나라도 틀리면 '거짓'을 나타냅니다. |

| `사실 또는 거짓` | 왼쪽의 `사실` 에 들어간 말과 오른쪽의 `사실` 에 들어간 말 중에서 하나라도 맞는 말 일 때 '참'을 나타냅니다.
모두 틀릴 경우에는 '거짓'을 나타냅니다. |

| `사실 (이)가 아니다` | `사실` 에 들어간 말이 틀린 말 일 때 '참'을 나타냅니다.
들어간 말이 맞는 말이면 '거짓'을 나타냅니다. |

06 참이냐 거짓이냐 그것이 문제로다 '판단 마스터'

미션! 우리는 로봇을 잘 작동시켜서 지도를 찾아야 해!

실행과정

01_ 작은 로봇이 미로를 출발합니다.

02_ 벽에 닿으면 방향을 왼쪽으로 수정합니다.

03_ 지도를 찾으면 '지도를 찾았다!'를 말하고, 프로그램을 종료합니다.

오브젝트&블록

오브젝트 모양	명령어 블록
작은 로봇	시작하기 버튼을 클릭했을 때 / 무한 반복하기 / 만일 사실 이라면 / 화살표 방향으로 10 만큼 움직이기 / 지도를 찾았다! 을(를) 말하기 / 모든 오브젝트 멈추기 / 미로2 에 닿았는가? / 지도 에 닿았는가? / 화살표 방향으로 -15 만큼 움직이기 / 이동 방향을 270° 도 만큼 회전하기

> **?** 판단 블록을 흐름 블록에 조립하는 방법
>
> 1. 흐름 블록을 블록 조립소에 놓습니다.
> 2. 판단 블록을 조립소에 놓고 판단 내용을 정합니다.
> 3. 완성시킨 판단 블록을 흐름 블록의 〈 〉 모양에 넣습니다.

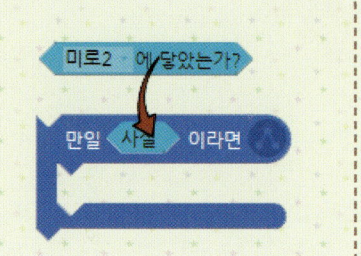

화면 구성

❶ [＋ 오브젝트 추가하기] 에서 로봇2, 지도, 미로2를 추가합니다.

❷ 로봇2와 지도의 크기를 40으로 수정합니다.

❸ 미로는 크기를 540으로 수정하고, X좌표를 0, Y좌표를 -170으로 수정 합니다.

❹ 왼쪽의 그림을 보고 오브젝트를 각자 위치에 놓습니다.

06 참이냐 거짓이냐 그것이 문제로다 '판단 마스터'

미션 해결과정

왜 무한 반복하기 블록이 필요한가요?

만약 무한 반복하기 블록을 사용하지 않는다면 프로젝트가 시작됐을 때 딱 한 번만 판단 블록이 실행되고 이후에는 판단블록이 실행되지 않습니다. 다른 오브젝트에 언제 닿을지 모르기 때문에 끝없이 반복해 판단하는 것입니다.

오브젝트	예시
	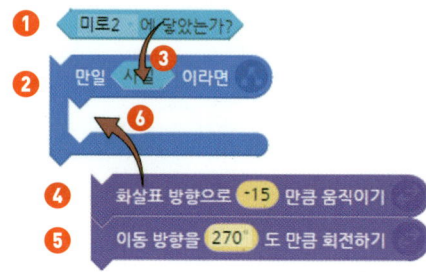

설명

로봇2

① `block`  —

`edit` 오브젝트 이름을 '미로2'로 변경합니다.

② `block` 흐름 — 만일 사실 이라면

③ 엔트리봇에 닿았는가? 블록을  블록의 사실 모양에 넣습니다.

`why?` 미로의 벽에 닿았을 때 로봇은 더 이동할 수 없습니다. 따라서 로봇이 벽에 닿았을 때 방향을 바꿔주기 위해 판단 블록을 사용합니다.

④ `block` 움직임 —

`edit` 15만큼으로 수정합니다.

`why?` 로봇이 벽에 닿았을 때 방향만 회전하면 벽에 닿은 상태가 그대로 유지됩니다. 따라서 벽에 닿았을 때 뒤로 15만큼 이동시켜 벽과 떨어지도록 이 블록을 사용합니다.

06 참이냐 거짓이냐 그것이 문제로다 '판단 마스터'

오브젝트	설명
	❺ `block` 움직임 - 이동 방향을 90도 만큼 회전하기
	`edit` 이동 방향을 270도로 수정합니다.
	`why?` 270도는 '왼쪽'을 뜻합니다.
로봇2	❻ 붙인 두 블록을 『만일 사실 이라면』 안에 넣습니다.

예시

```
시작하기 버튼을 클릭했을 때
무한 반복하기
    화살표 방향으로 10 만큼 움직이기
    만일 <미로2 에 닿았는가?> 이라면
        화살표 방향으로 -15 만큼 움직이기
        이동 방향을 270° 도 만큼 회전하기
```

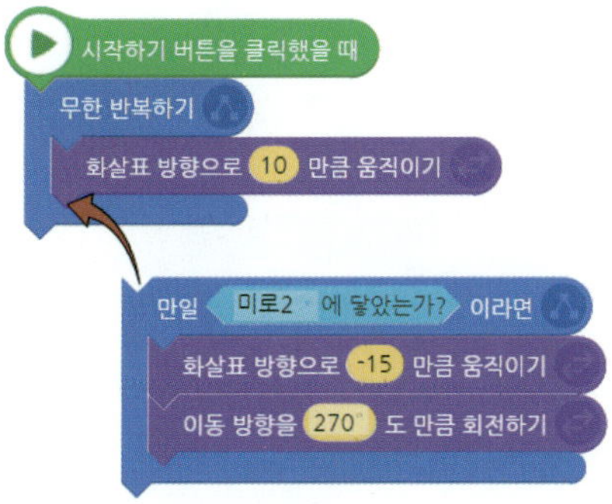

설명

위에서 조립한 블록들을 『화살표 방향으로 10 만큼 움직이기』 블록에 연결합니다.

❓ [미로2에 닿았는가?]로 어떻게 바꾸나요?

오브젝트 이름 옆에 있는 화살표를 클릭하면 오브젝트 목록이 나오는데 이때 '미로2'를 선택하면 바뀝니다.

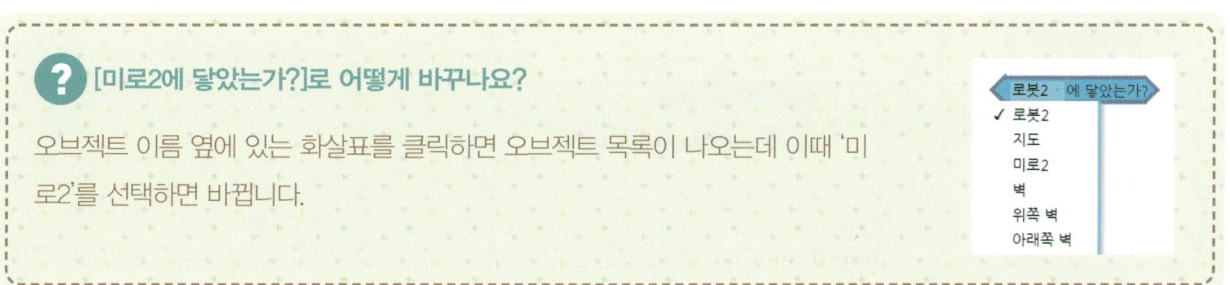

오브젝트	예시

설명

로봇2

① `block`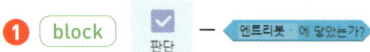

　`edit` 오브젝트 이름을 '지도'로 변경합니다.

② `block`

③ <엔트리봇에 닿았는가?> 블록을 <만일 사실 이라면> 블록의 <사실>에 넣습니다.

　`why?` 로봇이 지도에 닿으면 말하기와 프로그램 종료를 하기 위함입니다.

④ `block`

　`edit` 말하는 내용을 "지도를 찾았다!"로 변경합니다.

⑤ `block`

　`why?` 프로그램을 종료하기 위함입니다.

⑥ 붙인 두 블록을  안에 넣습니다.

06 참이냐 거짓이냐 그것이 문제로다 '판단 마스터'

오브젝트	예시
로봇2	

설명

위에서 조립한 블록들을 '만일 미로2에 닿았는가?' 블록 아래에 연결합니다.

❓ **여러 개의 판단을 함께 하려면 어떻게 해야 하나요?**

오브젝트 이름 옆에 있는 화살표를 클릭하면 오브젝트 목록이 나오는데 이때 '미로2'를 선택하면 바뀝니다.

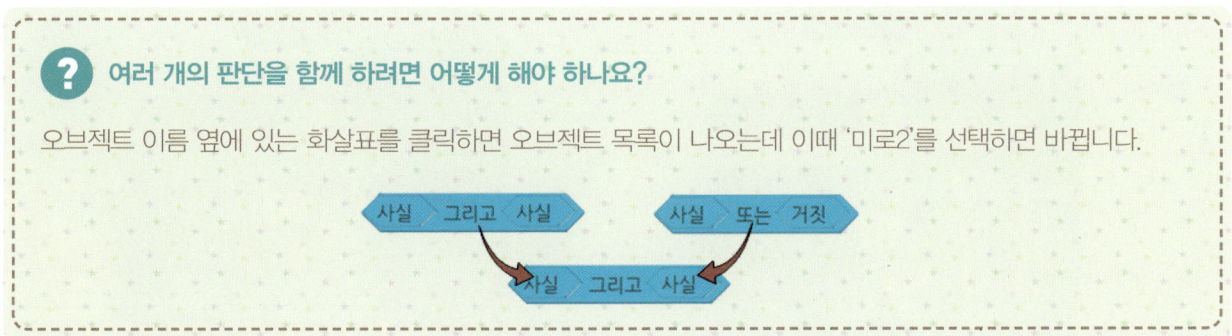

1부 미지의 세계, 엔트리 월드

잠깐! 혹시 이렇게 실수하지 않았나요?

올바른 블록 조립

시작하기 버튼을 클릭했을 때
무한 반복하기
　화살표 방향으로 10 만큼 움직이기
　만일 〈미로2에 닿았는가?〉 이라면
　　화살표 방향으로 -15 만큼 움직이기
　　이동 방향을 270° 도 만큼 회전하기
　만일 〈지도에 닿았는가?〉 이라면
　　지도를 찾았다! 을(를) 말하기
　　모든 오브젝트 멈추기

잘못된 블록 조립

시작하기 버튼을 클릭했을 때
무한 반복하기
　화살표 방향으로 10 만큼 움직이기
만일 〈미로2에 닿았는가?〉 이라면
　화살표 방향으로 -15 만큼 움직이기
　이동 방향을 270° 도 만큼 회전하기
만일 〈지도에 닿았는가?〉 이라면
　지도를 찾았다! 을(를) 말하기
　모든 오브젝트 멈추기

시작하기 버튼을 클릭했을 때
무한 반복하기
　화살표 방향으로 10 만큼 움직이기
　만일 〈미로2에 닿았는가?〉 이라면
　　화살표 방향으로 -15 만큼 움직이기
　　이동 방향을 270° 도 만큼 회전하기
　　만일 〈지도에 닿았는가?〉 이라면
　　　지도를 찾았다! 을(를) 말하기
　　　모든 오브젝트 멈추기

한걸음 나아가기

앞의 미션대로 진행하면 로봇의 이동이 부자연스럽습니다. 로봇이 걸어가는 모습을 표현하기 위해 다음의 블록을 사용하면 되는데요, 이 블록을 어디에 넣어야 잘 실행될까요?

07 무엇이든 계산해내는 '계산 마스터'

07 무엇이든 계산해내는 '계산 마스터'

**계산 블록 두루마리가 나타났어요!
미션을 해결하기 위해 잘 읽어봅시다!**

`10 + 10`
지정한 두 수를 더한 후 그 값을 다른 칸에 넣을 수 있게 합니다. 기본적으로 계산 블록들은 혼자서 사용할 수 없습니다. 다른 블록의 숫자를 지정해 줄 때 사용합니다.

숫자가 들어 있는 노란색 동그란 원 안에는 대부분의 계산 블록을 넣을 수 있습니다.

`10 - 10`
지정한 수를 뺀 후 그 값을 다른 칸에 넣을 수 있게 합니다.

`10 x 10`
지정한 수를 곱한 후 그 값을 다른 칸에 넣을 수 있게 합니다.

`10 / 10`
지정한 수를 나눈 후 그 값을 다른 칸에 넣을 수 있게 합니다.

`0 부터 10 사이의 무작위수`
지정한 두 수 사이의 숫자 중 어떤 숫자든 컴퓨터가 무작위로 정해 다른 칸에 넣을 때 사용합니다. 이렇게 무작위로 정해지는 수를 난수라고 합니다.

`X 좌표값`
선택된 오브젝트의 x좌표 값을 다른 칸에 넣을 때 사용합니다.

`Y 좌표값`
선택된 오브젝트의 y좌표 값을 다른 칸에 넣을 때 사용합니다.

| 마우스 x 좌표 (✓ x / y) | 마우스 포인터가 있는 x좌표 값을 넣을 때 사용합니다. 오른쪽의 화살표를 누르면를 통해 y좌표를 선택할 수도 있습니다. |

| 엔트리봇 의 x좌표값 (✓ x 좌표값 / y 좌표값 / 방향 / 이동방향 / 모양 번호 / 모양 이름) | 엔트리 봇뿐만 아니라 프로젝트에 포함된 모든 오브젝트의 다양한 값을 다른 칸에 넣을 때 사용합니다. |

| 방향값 (✓ 방향값 / 이동 방향값) | 선택된 오브젝트가 향하고 있는 방향(각도)을 값으로 바꿔 다른 칸에 넣을 수 있습니다. 오른쪽의 화살표를 누르면 이동 방향 값으로 바꿀 수 있습니다. |

| 10 / 10 의 몫 | 지정한 두 수를 나눴을 때의 몫을 다른 칸에 넣을 수 있는 값으로 사용합니다. |

| 10 / 10 의 나머지 | 지정한 두 수를 나눴을 때 그 나머지를 다른 칸에 넣을 수 있는 값으로 사용합니다. |

07 무엇이든 계산해내는 '계산 마스터'

| (10 의 제곱)
✓ 제곱
  루트
  사인값
  코사인값
  탄젠트값
  아크사인값
  아크코사인값
  아크탄젠트값
  로그값
  자연로그값

선택한 수의 제곱 값(다양한 수학 계산 값)을 다른 칸에 넣을 수 있는 값으로 사용합니다.

(현재 연도)
✓ 연도
  월
  일
  시각(시)
  시각(분)
  시각(초)

현재의 연도, 월, 날짜, 시, 분, 초의 값을 다른 칸에 넣을 수 있는 값으로 사용합니다.

(엔트리봇 까지의 거리)

현재 선택된 오브젝트와 네모 칸 안의 화살표를 눌러 나타나는 오브젝트 사이의 거리를 다른 칸에 넣을 수 있는 값으로 사용합니다.

(강아지 짖는소리 소리의 길이)

추가된 소리의 길이(초)를 다른 칸에 넣을 수 있는 값으로 사용합니다.

(타이머 값)

타이머에 나타나는 값을 사용합니다.

(타이머 초기화)

타이머를 처음부터 다시 작동하게 합니다.

(타이머 보이기)

타이머를 화면에서 보이거나 보이지 않게 합니다.

변수는 변할 수 있는 수를 뜻합니다. 그리고 우리는 특정한 값을 저장할 수 있는 저장소라고 생각하고 약속합니다.

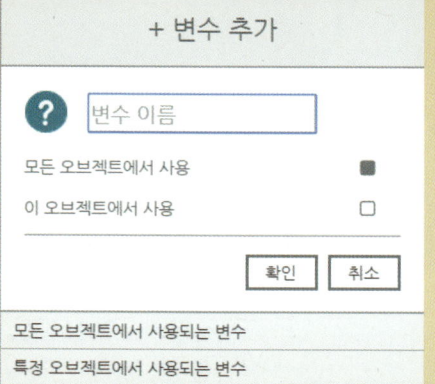

변수의 이름을 정할 수 있고 변수를 어떤 오브젝트에서 사용할 것인지 지정할 수 있습니다.

묻고 싶은 말을 노란 색 안에 넣어주면 화면에서는 그 말을 오브젝트에 말풍선을 나타내서 묻고, 그것에 대해 대답할 수 있는 창이 아래쪽에 생깁니다. 대답을 해야만 다음 명령어로 넘어가므로 대답이 꼭 필요한 경우 사용합니다. 이 블록으로는 대답이 맞는지 틀린지를 확인할 수 없습니다.

묻고 기다리기에서 얻은 대답을 다른 칸에 넣을 수 있는 값으로 사용합니다.

두 가지 종류의 말이나 수를 하나의 값으로 나타낼 때 사용합니다. 위에 나타난 예시는 "안녕! 엔트리"라고 나타납니다. 여러 가지 값을 넣고 싶을 경우 합치기 블록 안에 합치기 블록을 넣어서 표현합니다.

07 무엇이든 계산해내는 '계산 마스터'

미션!
덧셈 문제를 내 주고, 답도 확인해 주는 친구를 만들어 보자.

실행과정

01_ 엔트리봇이 덧셈식의 답을 물어봅니다. 아래쪽에 답을 키보드로 입력합니다.

02_ 답을 맞게 입력하면 "정답입니다."라고 엔트리봇이 말합니다.

03_ 답을 잘못 입력하면 "틀렸습니다."라고 엔트리봇이 말합니다.

오브젝트&블록

오브젝트 모양	활용할 수 있는 블록
1. 엔트리봇	

화면 구성

① 오브젝트 추가하기에서 사막, 엔트리봇을 추가합니다.

② 엔트리봇의 위치는 x: 7.0 y: -25로 수정합니다.

③ 변수는 왼쪽 위에 타이머는 오른쪽 위에 보이도록 수정합니다.
   변수와 타이머는 명령어 블록을 만들어야 화면에 나타납니다.

07 무엇이든 계산해내는 '계산 마스터'

미션 해결과정

오브젝트	예시
엔트리봇	❹ 첫번째 수▼ 값 　　두번째 수▼ 값 ❸ 과 ➕ 를 합치기　과 은? 를 합치기 ❷ 과 ⬤ 를 합치기 ❶ 을(를) 묻고 기다리기 ❺ 타이머 초기화 ❻ 타이머 보이기

설명

❶ `block` ❓자료 — 안녕! 을(를) 묻고 대답 기다리기

`why?` 엔트리봇이 질문하면 답변을 입력하기 위해 사용합니다.

❷ `block` ❓자료 — 안녕! 과 엔트리 를 합치기

`edit` ❶의 '안녕!'에 넣습니다.

❸ `block` ❓자료 — 안녕! 과 엔트리 를 합치기 x 2

`edit` 두 개를 만들어 ❷의 '안녕!'과 '엔트리'에 넣습니다.

❹ `block` ❓자료 — 첫번째 수▼ 값 x 2

`edit` 두개의 블록을 옮긴 뒤 '첫번째 수'와 '두번째 수'로 수정한 다음 ❸에 넣습니다.

❺ `block` 🧮계산 — 타이머 초기화

`edit` 문제를 풀 때마다 타이머가 다시 작동하게 합니다.

❻ `block` 🧮계산 — 타이머 보이기

`edit` 타이머가 화면에 보이게 합니다.

07 무엇이든 계산해내는 '계산 마스터'

오브젝트	예시
엔트리봇	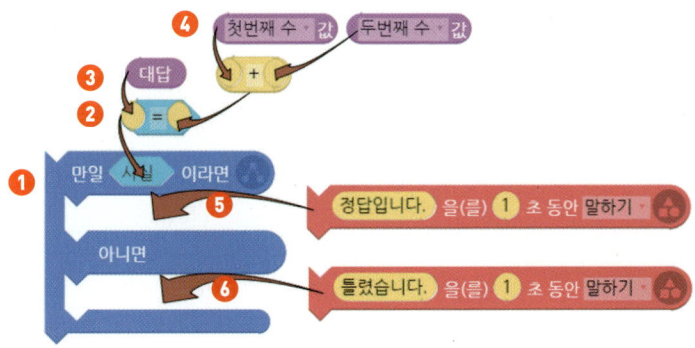

설명

① block  — 흐름

why? 답을 맞췄을 때와 틀렸을 때 각기 다른 결과가 나오게 할 때 사용합니다.

② block 판단 — 10 = 10

edit ②의 '사실'에 넣습니다.

③ block 자료 — 대답 / 계산 — 10 + 10

edit ②의 왼쪽에는 '대답'을 오른쪽에는 '10+10'을 넣습니다.

why? 대답으로 입력한 값과 컴퓨터가 계산한 답이 같은지 판단합니다.

④ block 자료 —  x2

edit 두 개를 '첫번째 수'와 '두번째 수'로 수정한 다음 ③의 '10+10'에 넣습니다.

⑤ block 생김새 —

edit '안녕!'을 '정답입니다!'로 수정하고, '4'를 '1'로 수정합니다.

오브젝트	설명
	⑥ `block` 생김새 — `안녕! 을(를) 4 초 동안 말하기`
	`edit` '안녕!'을 '틀렸습니다!'로 수정하고, '4'를 '1'로 수정합니다.

예시

엔트리봇

```
시작하기 버튼을 클릭했을 때
무한 반복하기
    첫번째 수 를 0 부터 100 사이의 무작위수 로 정하기
    두번째 수 를 0 부터 100 사이의 무작위수 로 정하기
    (첫번째 수 값 과 + 를 합치기) 과 (두번째 수 값 과 은? 를 합치기) 를 합치기) 을(를) 묻고 대답 기다리기
    타이머 초기화
    타이머 보이기
    만일 대답 = 첫번째 수 값 + 두번째 수 값 이라면
        정답입니다. 을(를) 1 초 동안 말하기
    아니면
        틀렸습니다. 을(를) 1 초 동안 말하기
```

설명

`block` 흐름 — `무한 반복하기`

`edit` 이전에 작업한 명령어의 모음을 무한 반복하기 사이에 넣습니다.

`why?` 문제를 한번만 풀고 끝내는 것이라면 무한반복을 할 필요가 없지만 계속 문제가 나오게 하려면 명령어들을 계속 반복해야 합니다. 만약 일정한 횟수만큼 반복하고 싶다면 `10 번 반복하기` 의 숫자를 수정해서 사용합니다.

한걸음 나아가기

우리는 계산 마스터를 위해 덧셈 로봇을 만들었습니다. 덧셈뿐 아니라 뺄셈, 곱셈, 나눗셈 로봇도 만들 수 있겠죠? 추가로 변수를 이용해 맞은 문제와 틀린 문제의 개수를 확인하도록 만들 수 있습니다. 아래 제시된 그림을 이용해 맞춘 개수에 1만큼 더하기 블록이 어디에 들어가는 것이 좋을지 생각해 보세요.

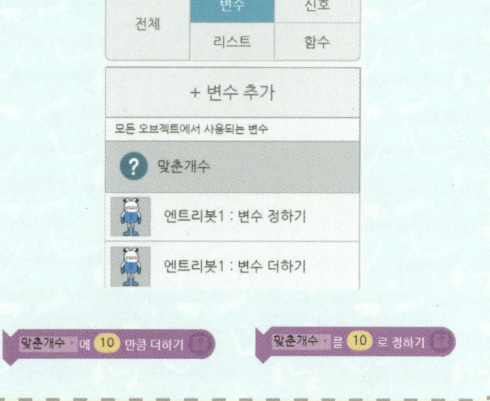

08 예술혼을 담은 아티스트 '소리&붓 마스터'

08 예술혼을 담은 아티스트 '소리&붓 마스터'

**소리 & 붓 블록 두루마리다!
미션을 해결하기 위해 잘 읽어봐야해!**

`도장찍기` — 해당 오브젝트 모양이 도장처럼 무대에 찍힙니다.

`그리기 시작하기` — 해당 오브젝트가 이동하는 경로를 따라 붓이 그려집니다.

`그리기 멈추기` — 붓 그리기를 멈춥니다.

`붓의 색깔을 ■로 정하기` — 해당 오브젝트가 그리는 붓의 색깔을 선택한 색으로 정합니다.

`붓의 색깔을 랜덤으로 정하기` — 붓의 색깔을 무작위로 정합니다.

`붓의 굵기를 1 만큼 바꾸기` — 붓의 굵기를 입력한 값만큼 바꿉니다. 입력값이 클수록 붓의 굵기는 굵어집니다.

`붓의 굵기를 1 로 정하기` — 붓의 굵기를 입력한 값으로 정합니다.

`붓의 투명도를 10 % 만큼 바꾸기` — 해당 오브젝트가 그리는 붓의 투명도를 입력한 값만큼 바꿉니다.

`붓의 투명도를 50 % 로 정하기` — 붓의 투명도를 입력한 값만큼 정합니다.

`모든 붓 지우기` 그린 붓과 도장을 모두 지웁니다.

`소리 강아지 짖는소리 재생하기` 해당 오브젝트가 선택한 소리를 재생하는 동시에 다음 블록을 실행합니다.

`소리 강아지 짖는소리 1 초 재생하기` 선택한 소리를 입력한 시간만큼만 재생하는 동시에 다음 블록을 실행합니다.

`소리 강아지 짖는소리 재생하고 기다리기` 해당 오브젝트가 선택한 소리를 재생하고, 소리 재생이 끝나면 다음 블록을 실행합니다.

`소리 강아지 짖는소리 1 초 재생하고 기다리기` 선택한 소리를 입력한 시간만큼만 재생하고, 소리 재생이 끝나면 다음 블록을 실행합니다.

`소리 크기를 10 % 만큼 바꾸기` 프로젝트에서 재생되는 모든 소리의 크기를 입력한 숫자만큼 바꿉니다.

`소리 크기를 10 % 로 정하기` 프로젝트에서 재생되는 모든 소리의 크기를 입력한 값으로 정합니다.

`모든 소리 멈추기` 현재 재생 중인 모든 소리를 멈춥니다.

08 예술혼을 담은 아티스트 '소리&붓 마스터'

간단한 도형 하나(사각형)를 그리고, 소리(박수갈채)를 내보자.

실행과정

01_ 연필이 지정한 위치로 이동한다.

02_ 오른쪽으로 직선을 그린다.

03_ 90도를 돌아서 사각형을 그린다.

오브젝트&블록

오브젝트 모양	명령어 블록

연필

화면 구성

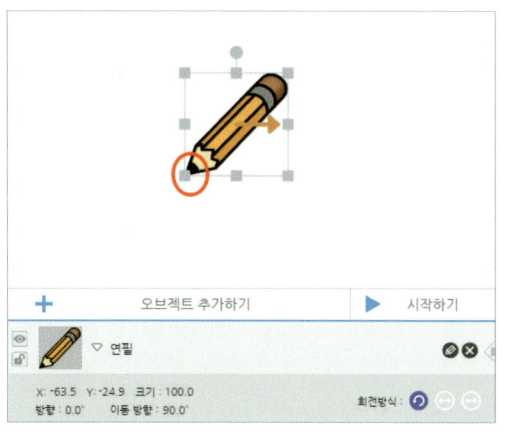

① ➕ 오브젝트 추가하기 에서 연필을 추가합니다.

② 그리는 도형이 잘 보이도록 연필을 적당한 곳에 배치합니다.

③ 연필 끝에서 붓이 시작될 수 있게 기준점을 옮겨 연필 끝(심) 쪽에 맞춰줍니다.

④ 사각형을 그리기 위해 붓의 색깔, 굵기, 이동 방향 등을 정해줍니다(90° 회전).

미션 해결과정

08 예술혼을 담은 아티스트 '소리&붓 마스터'   105

오브젝트	설명
	❷ `block` 붓 — 그리기 시작하기
	`why?` 시작하기 버튼을 클릭했을 때 그리기를 시작합니다.
	❸ `block` 붓 — 붓의 색깔을 ■로 정하기
	`edit` 붓의 색깔을 원하는 색으로 수정합니다.
	❹ `block` 붓 — 붓의 굵기를 1 로 정하기
	`edit` 붓의 굵기를 원하는 굵기로 수정합니다.
	예시
연필	▶ 시작하기 버튼을 클릭했을 때 그리기 시작하기 붓의 색깔을 ■ 로 정하기 붓의 굵기를 10 로 정하기 ❶ 4 번 반복하기 ❷ 화살표 방향으로 100 만큼 움직이기 ❸ 0.1 초 기다리기 ❹ 이동 방향을 90˚ 도 만큼 회전하기
	설명
	❶ `block` 흐름 — 10 번 반복하기
	`edit` 4번 반복하기로 수정합니다.
	`why?` 사각형을 그리기 위해 직선을 4번 반복해서 그립니다.
	❷ `block` 움직임 — 화살표 방향으로 10 만큼 움직이기
	`edit` 100만큼 수정합니다.
	`why?` 잘 보이도록 크기를 수정합니다.

한걸음 나아가기

다른 도형을 그려봅시다. (삼각형, 오각형 등) 소리 블록을 사용해 박수 소리를 점점 커지게 만들어 봅시다.

블록	노트
소리 크기를 10 % 로 정하기	
소리 크기를 10 % 만큼 바꾸기	
모든 소리 멈추기	

08 예술혼을 담은 아티스트 '소리&붓 마스터'

메모

2부
위기에 빠진 엔트리 월드

01. 마법의 문을 열어라

02. 음악이 사라진 마을

03. 시계가 고장났어요!

04. 암호 해독기를 고쳐라

05. 일어나, 엔트리카!

06. 두더지를 잡아라

07. 눈 내리는 마을에 사는 로봇

08. 하늘에서 음식이 내린다면

09. 엔트리카, 바위를 넘어라

10. 버그마왕과 선택의 문

01 마법의 문을 열어라

우리는 바위를 눌러서 석상을 움직여야 해!

미션이 완료된 모습

01_ 진우는 석상을 향해 걸어갑니다.

02_ 가는 도중 진우는 바위와 닿습니다.

03_ 바위에 진우가 닿으면 가운데 석상이 오른쪽으로 이동해 문이 열립니다.

04_ 진우가 그 길을 지나갑니다.

오브젝트&속성

오브젝트	오브젝트 속성
 사모아 석상	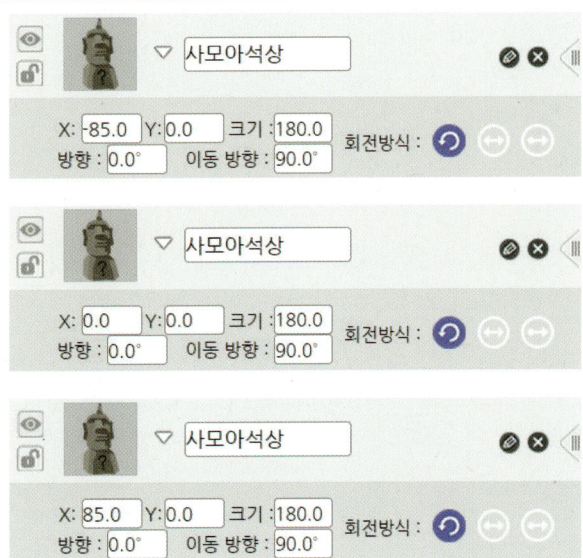

설명

❶ [오브젝트 추가하기]에서 사모아 석상 3개, 진우(안경소년), 바위, 밖이 보이는 숲속을 추가합니다.

❷ 왼쪽의 오브젝트 속성을 보고 크기, X좌표, Y좌표, 이동 방향을 수정합니다.

오브젝트 릴레이

다음은 오브젝트의 역할을 그림으로 표현한 '오브젝트 릴레이'입니다. 〈보기〉에서 알맞은 기호와 내용을 골라 빈칸에 써 봅시다.

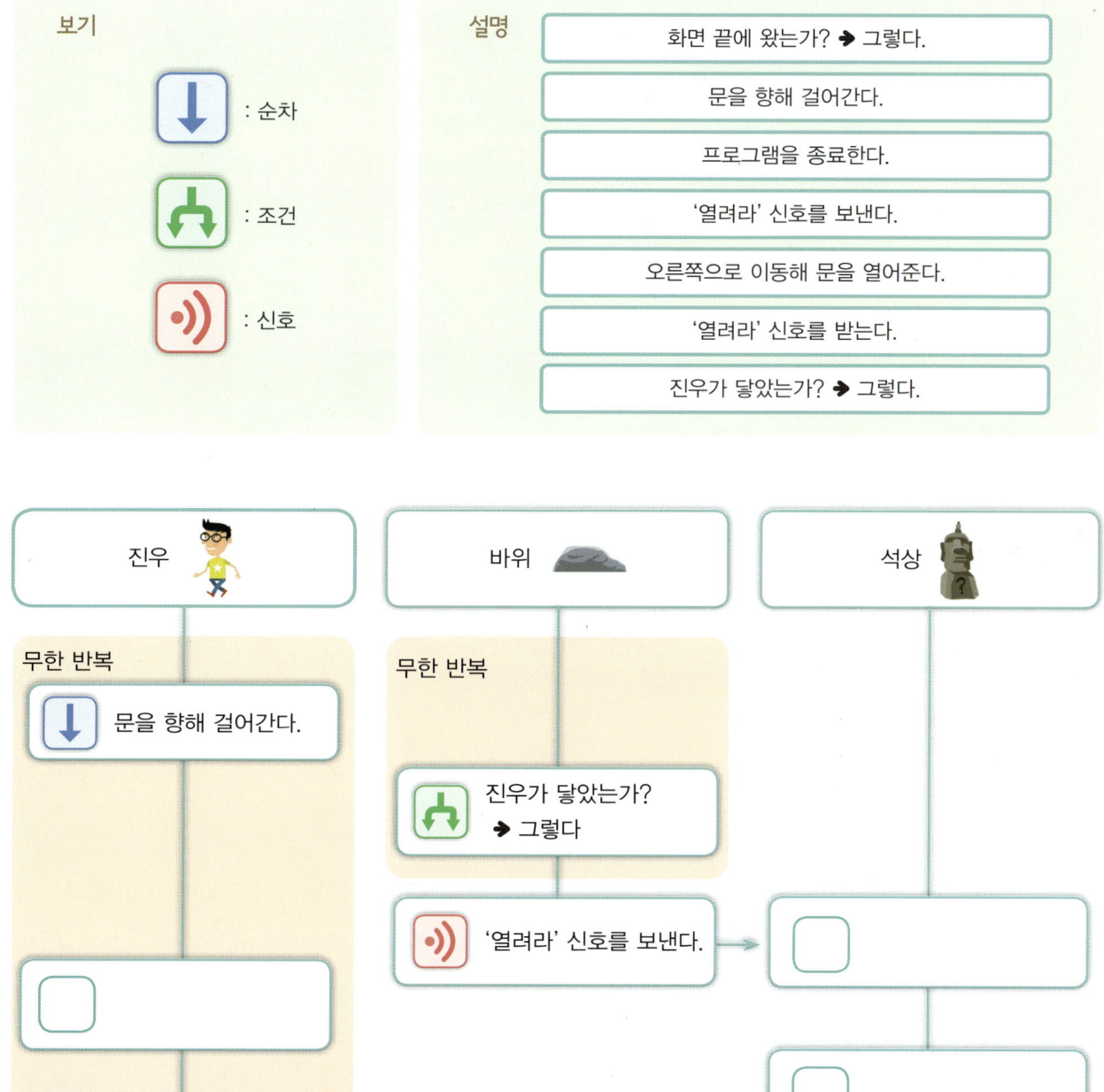

'오브젝트 릴레이'가 뭐에요?

오브젝트 릴레이는 프로그램을 만들기 전에 오브젝트의 역할을 그림으로 정리해보는 표현 방법입니다. 오브젝트 릴레이에서는 위에서 아래 순서로 프로그램이 실행됩니다. 각 칸에는 역할을 나타내는 기호와 역할 내용이 적혀 있습니다.

오브젝트 릴레이에서 사용하는 기호는 다음과 같이 3가지가 있습니다.

 순차	조건이나 신호 없이 순서대로 실행되는 역할입니다.	 조건	조건요소가 포함된 역할을 나타냅니다.	 신호	신호를 보내거나 받는 역할을 나타냅니다.

왼쪽에서 사용된 예제를 통해 어떤 의미인지 알아봅시다.

오브젝트 릴레이		설명
	문을 향해 걸어간다.	'진우' 오브젝트가 문을 향해 걸어가는 내용입니다. 조건이나 신호가 없기 때문에 순차 기호를 사용했습니다.
	진우가 닿았는가? ➜ 그렇다	'진우가 닿았는가?' 하는 조건을 판단하는 내용입니다. 참인지 거짓인지 판단하므로 조건 기호를 사용했습니다.
	'열려라' 신호를 보낸다.	'열려라' 신호를 보내는 내용입니다. 신호를 보내는 내용이므로 신호 기호를 사용했습니다.

오브젝트 릴레이에서 '반복하기'는 사각형으로 묶어서 나타냅니다. 사각형으로 묶인 부분은 몇 회 반복 또는 무한 반복을 하게 됩니다. 왼쪽에서 사용된 예제를 통해 어떤 의미인지 알아봅시다.

무한 반복

 진우가 닿았는가?
➜ 그렇다

 '열려라' 신호를 보낸다.

'진우가 닿았는가?' 라는 판단을 무한 반복하지 않으면 어떤 일이 벌어질까요? 프로그램이 시작되고 나서 한 번만 판단하고 더는 확인하지 않을 것입니다.

바위는 진우가 닿았는지 확인하는 역할을 끝없이 계속해야 합니다. 그래야 진우가 닿는 순간 제대로 된 판단을 할 수 있습니다.

이런 이유로 사각형으로 묶어 무한 반복을 표시해 주는 것입니다.

미션 해결과정

오브젝트	예시

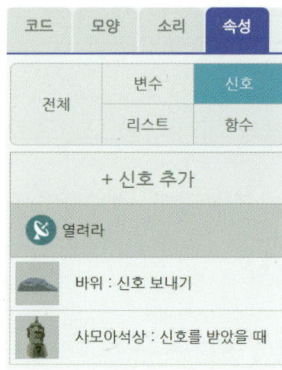

설명

❶ [신호추가]를 클릭하고, 이름을 '열려라'로 수정합니다.

❷ 진우가 바위에 닿았을 때 바위는 석상에게 '열려라' 신호를 보냅니다.
   신호를 받은 석상은 오른쪽으로 이동해 문을 열어주게 됩니다.

진우

예시

❶ 시작하기 버튼을 클릭했을 때
❷ 무한 반복하기
❸ 0.1 초 기다리기
❹ 화살표 방향으로 4 만큼 움직이기
❺ 다음 모양으로 바꾸기
❻ 만일 X 좌표값 <= -100 이라면
❼ 모양 숨기기
❽ 반복 중단하기

설명

❶ 시작하기 버튼을 클릭했을 때 아래의 블록들이 실행됩니다.

❷ 진우는 프로그램이 끝날 때까지 계속 걸어가야 하므로 [무한 반복하기] 블록을 사용합니다.

오브젝트	설명
 진우	❸ 걸어가는 속도를 조절하기 위해 0.1초를 기다렸다가 실행합니다. ❹ 진우가 화살표 방향으로 4만큼 움직이도록 수정합니다. 이렇게 하면 0.1초에 4만큼 움직이게 됩니다. ❺ 걸어가는 모습을 위해 다음 모양으로 바꾸기 블록을 사용합니다. ❻ 만약 진우의 X좌표값이 -100보다 작거나 같으면 아래의 블록을 실행합니다. 진우가 끝까지 걸어 갔는지 확인하는 것입니다. ❼ 만약 화면 끝에 왔다면 진우의 모습을 숨깁니다. ❽ 반복을 중단해 더는 실행하는 블록이 없게 합니다.

	예시
 사모아 석상 (가운데)	

	설명
	❶ '열려라' 신호를 받았을 때 아래의 블록을 실행합니다. ❷ 2초 동안 X좌표를 70만큼 움직이게 합니다. 문이 열리는 모습을 나타냅니다.

> **? 판단 블록을 추가하는 방법**
>
> 1. 판단 블록을 블록 조립소에 놓습니다.
>
> 2. 계산 블록에서 가져온 블록들을 판단 블록으로 끌어 놓습니다.
>
> 3. 완성한 판단 블록을 〈 〉 모양이 있는 자리에 넣습니다.

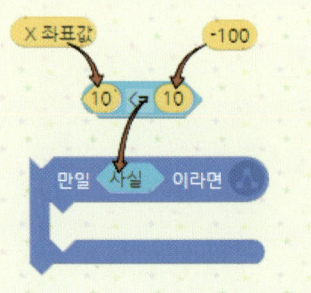

오브젝트	예시
	① 시작하기 버튼을 클릭했을 때 ② 무한 반복하기 ③ 만일 〈진우▼ 에 닿았는가?〉 이라면 ④ 열려라▼ 신호 보내기 ⑤ 반복 중단하기

	설명
바위	① 시작하기 버튼을 눌렀을 때 아래의 블록들을 실행합니다. ② [무한 반복하기] 블록을 추가해 진우에게 닿았는지 계속 확인합니다. 만약 [무한 반복하기] 블록이 없다면 시작한 뒤 한 번만 판단하고 끝나게 됩니다. ③ 바위에 진우가 닿았는지 판단합니다. 닿았다면 안에 연결된 블록들을 실행합니다. ④ 바위에 진우가 닿았으므로 문을 열도록 '열려라' 신호를 보냅니다. ⑤ 더 이상 진우가 닿았는지 확인하지 않아도 되므로 반복을 중단합니다.

❓ 좌표가 어려워요? 어렵지 않아요!

- 좌표는 X 좌표, Y 좌표가 있습니다.

- X 좌표는 오른쪽이나 왼쪽을 뜻하고, Y 좌표는 위쪽이나 아래쪽을 뜻합니다.

- 'X 좌표를 10만큼 움직이기'의 뜻은 '오브젝트를 오른쪽으로 10만큼 움직이기'와 같습니다.

- 'X 좌표를 –10만큼 움직이기'의 뜻은 위와 반대로 왼쪽으로 10만큼 움직이라는 뜻입니다.

- 그렇다면 'Y 좌표를 10만큼 움직이기'와 'Y 좌표를 –10만큼 움직이기'의 뜻은 무엇일까요?

- 그것은 여러분이 스스로 생각해 보기 바랍니다.

한걸음 나아가기

1. '바위' 오브젝트의 블록에서 '반복 중단하기' 블록을 삭제하면 엄청난 일이 벌어집니다. 어떤 일인지 궁금하죠? 실제로 해보기 전에 어떤 일일지 예상해서 적어 보세요.

    ※ 블록의 흐름을 잘 생각해 보면 어떤 일이 벌어질지 알 수 있어요.

2. 프로젝트를 실행하면 진우가 지나간 뒤에 문이 다시 닫히지 않는 문제가 생깁니다. 이 문제를 어떻게 해결하면 좋을까요? 여러분의 생각대로 블록을 만들어서 문이 자동으로 닫히게 해 보세요.

메모

02 음악이 사라진 마을

한 옥타브 음을 낼 수 있는 피아노를 만들어보자!

미션이 완료된 모습

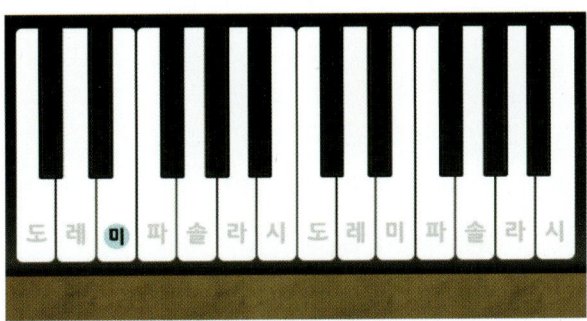

01_ 피아노 건반을 기본으로 합니다.

02_ 한 옥타브에 해당하는 '도,레,미,파,솔,라,시,도' 오브젝트를 추가합니다.

03_ 키보드 자판을 누르면 건반에 계이름이 표시되면서 소리가 납니다.

오브젝트&속성

오브젝트	오브젝트 속성/소리
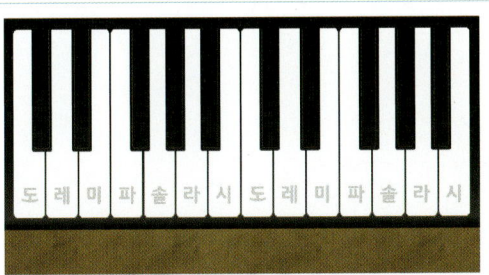 피아노	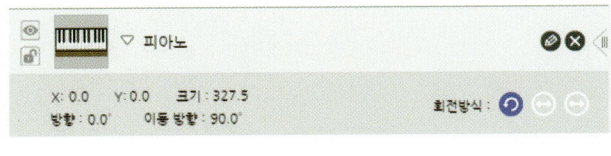

오브젝트	오브젝트 속성/소리
	▽ 도 04_가온도 0.3 초 X: -188.0 Y: 10.0 크기: 79.0 방향: 0.0° 이동 방향: 90.0°
	▽ 레 05_레 0.3 초 X: -159.0 Y: 10.0 크기: 79.0 방향: 0.0° 이동 방향: 90.0°
피아노 건반 7~8개(높은 '도'의 경우 같은 오브젝트를 사용 가능, 모양 탭에서 색깔을 다르게 설정해줘도 좋다.	▽ 미 06_미 0.3 초 X: -130.0 Y: 10.0 크기: 79.0 방향: 0.0° 이동 방향: 90.0°
	▽ 파 07_파 0.3 초 X: -100.0 Y: 10.0 크기: 79.0 방향: 0.0° 이동 방향: 90.0°
도 레 미 파 솔 라 시	▽ 솔 08_솔 0.3 초 X: -73.0 Y: 10.0 크기: 79.0 방향: 0.0° 이동 방향: 90.0°
	▽ 라 09_라 0.3 초 X: -42.0 Y: 10.0 크기: 79.0 방향: 0.0° 이동 방향: 90.0°
	▽ 시 10_시 0.3 초 X: -14.0 Y: 10.0 크기: 79.0 방향: 0.0° 이동 방향: 90.0°
	▽ 높은도 11_높은도 0.3 초 X: 14.0 Y: 10.0 크기: 79.0 방향: 0.0° 이동 방향: 90.0°

오브젝트 릴레이

〈보기〉에서 알맞은 기호와 내용을 골라 빈칸에 써 봅시다.

보기
- ↓ : 순차
- ↱ : 조건
- ⬇ : 이벤트

설명
- 시작 버튼을 클릭했을 때
- 모양을 숨긴다.
- 키보드 'ㅁ' 키를 눌렀을 때
- 'o' 소리를 재생한다.
- 모양을 보인다.

건반(8개)
- ⬇ 시작 버튼을 눌렀을 때
- ↓ 모양을 숨긴다.

건반 '도'
- ⬇ 키보드 'a' 키를 눌렀을 때
- ↓ 모양을 보인다.
- ↓ '도' 소리를 재생한다.
- ↓ 모양을 숨긴다.

건반 '레'
- ⬇
- ↓
- ↓
- ↓

건반 '미'
- ☐
- ☐
- ☐
- ☐

건반 '파'
- ☐
- ☐
- ☐
- ☐

건반 '솔'
- ☐
- ☐
- ☐
- ☐

미션 해결과정

오브젝트	설명
 피아노	배경으로 씁니다.
	예시 
	설명
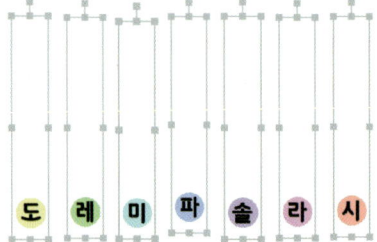 피아노 건반 8개(높은 '도'는 낮은 '도'와 중복)	'모양 추가'에서 '피아노 건반' 8개를 추가해 줍니다. 이는 해당 음을 키보드로 누를 때 건반 위에 글자(계이름)가 나타나게 하는 오브젝트입니다.
	예시 

오브젝트	설명
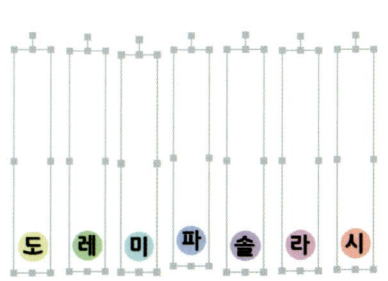 피아노 건반 8개(높은 '도'는 낮은 '도'와 중복)	피아노 건반 오브젝트의 이름을 알기 쉽게 바꿉니다. 오브젝트 이름을 각 건반의 계이름으로 바꿔 봅시다. 자신이 만든 프로젝트를 혼동하지 않도록 항상 이름을 지어주는 습관을 들입니다.

예시

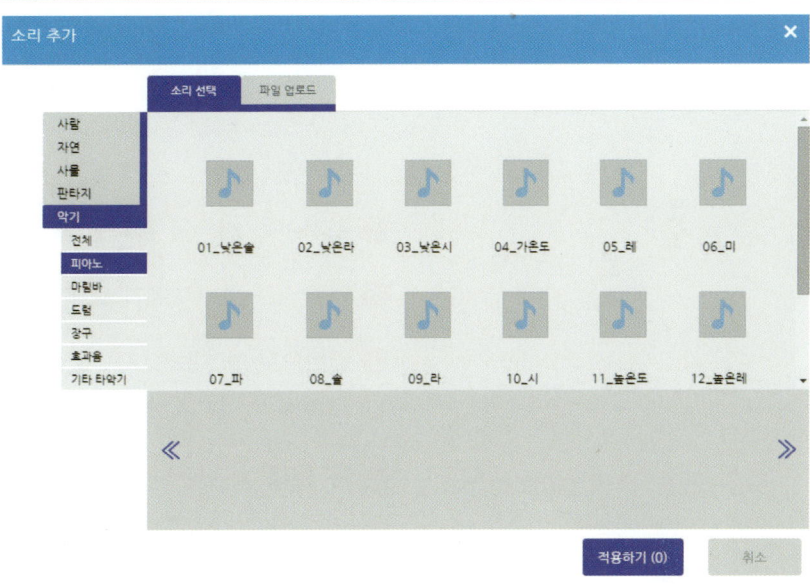

설명

소리 탭에서 각 계이름에 맞는 소리를 추가해 줍니다. 예를 들어, '도' 오브젝트에는 '가온 도' 음을 추가해줍니다.

오브젝트	예시
	① 시작하기 버튼을 클릭했을 때 ② 모양 숨기기 ③ a 키를 눌렀을 때 ④ 모양 보이기 ⑤ 소리 04_가온도 재생하고 기다리기 ⑥ 모양 숨기기

	설명
건반 '도' ※ 건반 오브젝트는 내용이 비슷하므로 한 음을 예시로 들어보겠습니다.	① 시작하기 버튼을 클릭할 때 아래 블록을 실행합니다. ② 건반 '도' 오브젝트가 보이지 않게 '모양 숨기기' 블록을 실행합니다. ③ 건반으로 쓸 키보드 자판을 설정해 줍니다. 예를 들어, 키보드 'a' 키를 누르면 '도'를 소리를 내도록 설정합니다. ④ 'a' 키를 눌렀을 때, 건반 '도' 오브젝트가 나타납니다. ⑤ '가온 도' 소리를 재생하고 기다립니다. ⑥ 모양을 숨깁니다. 이렇게 하면 키를 눌렀을 때 '도'가 나타났다 사라지는 효과를 줄 수가 있습니다. ⑦ 이제 시작하기 버튼을 누르고 a 키를 눌러서 '도' 음이 나는 지 확인해 봅시다.

키보드 예시

a	도	g	솔
s	레	h	라
d	미	j	시
f	파	k	높은 도

※ 8개의 음을 만들었으면 이제 시작하기 버튼을 누르고 키보드로 연주를 시작해 봅시다.

한걸음 나아가기

1. 피아노 음량을 바꾸거나, 음색을 바꿀 수 있습니다. 물론 다른 악기도 만들어 볼 수 있습니다. 어떤 방법이 있을까요?

※ 어떤 변수를 활용할 수 있는지 생각해 봅시다.

2. 실행하기 버튼을 클릭했을 때 자동으로 연주되는 피아노를 만들어 봅시다. 간단한 동요로 만들어 볼까요? 신호 블록을 사용해 봅시다.

※ 한 음이 연주되는 시간을 한 박(예: 4/4박자 기준 4분 음표)으로 했을 때 8분음표 또는 2분음표와 같은 박은 어떻게 설정할 수 있을지 생각해 봅시다.

메모

03 시계가 고장 났어요!

마을 회관의 시계를 고쳐야 해!!

미션이 완료된 모습

01_ 시작하기 버튼을 클릭하면 현재 시각이 나타난다.

오브젝트&속성

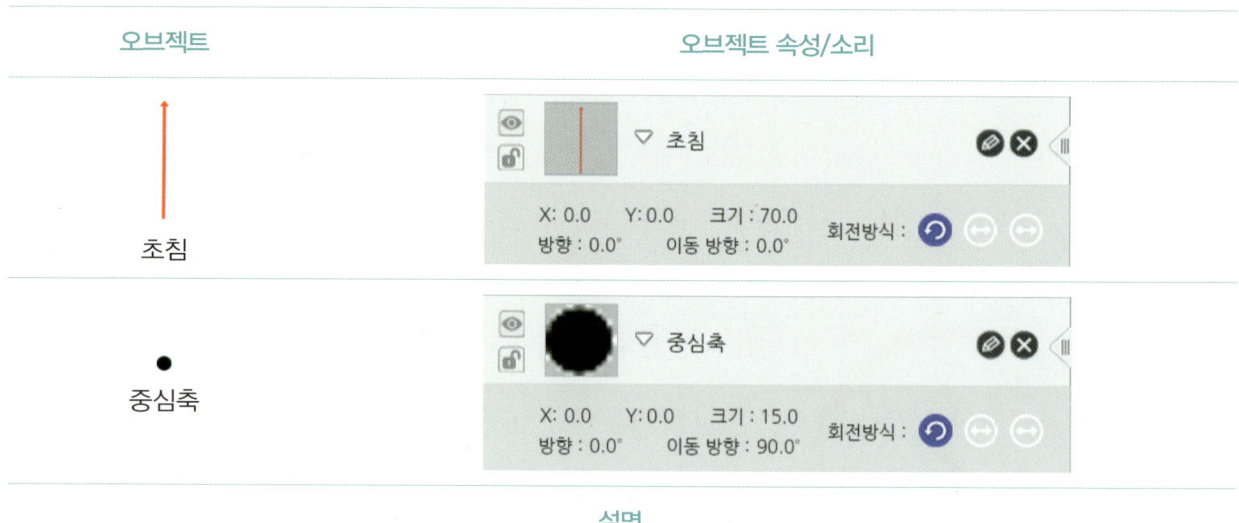

설명

❶ [오브젝트 추가하기]에서 시계를 추가합니다.

❷ [오브젝트 추가하기]─[파일 불러오기]에서 시침, 분침, 초침, 중심축을 추가합니다.

❸ 왼쪽의 오브젝트 속성을 보고 크기, X좌표, Y좌표, 방향, 이동 방향을 수정합니다.

시계 바늘의 중심점과 방향잡기

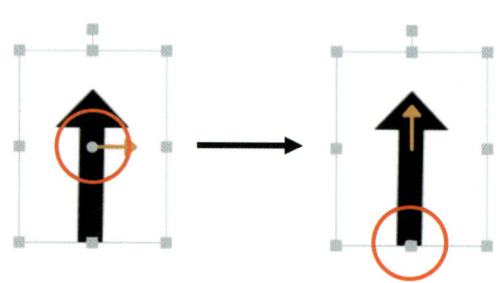

❶ 시침, 분침, 초침을 놓을 때 오브젝트의 이동 방향(주황색 화살표)을 위쪽으로 향하게 합니다.

❷ 시계바늘의 회전 기준점(가운데 위치한 회색 동그라미 점)을 아래쪽 가운데로 수정합니다.

※ 마우스 클릭 후 드래그로 이동할 수 있습니다.
※ 회전축의 위치에 따라 회전하는 모습이 달라집니다.

> **? 오브젝트의 중심점과 방향을 잡는 것이 어려워요!**
>
> 1. 시계바늘 오브젝트는 얇고 길기 때문에 장면에서 마우스를 이용하기가 어렵습니다.
>
> 2. 이동 방향(주황색 화살표)은 오브젝트의 속성에서 0°로 정해주면 쉽게 수정할 수 있습니다.
>
> 3. 회전 기준점은 수치로 입력할 수 없으므로 장면을 최대한 크게 확대한 후 이동해야 합니다. 테두리에 표시된 사각형 모양과 겹친 상태에서 마우스로 드래그할 경우 오브젝트의 크기가 변하는 상황이 발생할 수 있으므로 주의해야 합니다.

이번 단원에서는 오브젝트 릴레이를 사용하지 않습니다. 오브젝트 간의 관계가 없이 쉽게 시계가 움직이도록 만들 수 있기 때문입니다. 어떤 코드를 사용하면 좋을지 생각해 봅시다.

여러분이 시계를 처음부터 만든다면 어떻게 움직이도록 만들 수 있을까요?

1. 시계 오브젝트에 있는 숫자는 몇 부터 몇 인가요?
   (   )

2. 시계 오브젝트에는 작은 점이 몇 개 찍혀 있을까요?
   (   )

3. 시계 오브젝트에 있는 숫자는 (시 ,   분   )를 나타냅니다.

   시침이 한 바퀴(°)를 도는 것은 (   )시간을 나타냅니다.

   따라서 한 시간(분) 동안 시침은 (°)를 이동합니다.

   1분 동안 시침은 (°)를 이동합니다.

4. 시계 오브젝트에 있는 작은 점은 (시 ,   분   )을 나타냅니다.

   분침이 한 바퀴(°)를 도는 것은 (   )분을 나타냅니다.

   따라서 일 분 동안 분침은 (°)를 이동합니다.

5. 현재 시간을 알고 있다면 시계가 계속 움직이게 할 수 있습니다.

미션 해결과정

오브젝트	예시
↑ 시침	▶ 시작하기 버튼을 클릭했을 때 ❶ 방향을 (현재 시각(시) x 30) + (현재 시각(분) x 0.5) 도로 정하기 ❷ 무한 반복하기 　　방향을 3600 초 동안 30° 도 만큼 회전하기

설명

❶ 원은 중심으로부터 360°입니다.

시계의 한바퀴는 12시간으로 표기되므로 1시간은 30°입니다. 따라서 현재 시각(시)을 표시하기 위해서는 '현재시각(시)×30'을 해야 합니다. 시침이 표기하는 한 시간(=60분)은 30°이므로 1분은 0.5°입니다. 따라서 현재 시각을 정확하게 표현하기 위해서는 '현재시각(분)×0.5'를 더해야 합니다.

❷ 시침은 미세하게 계속 움직이고 있습니다.
1시간(3600초)에 30°만큼 회전하는 것을 무한 반복합니다.

예시

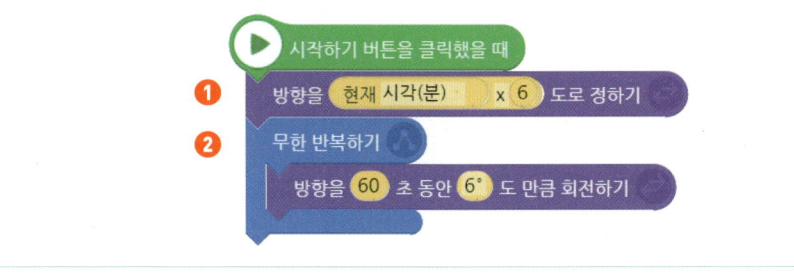

오브젝트
↑ 분침

설명

❶ 시계의 한바퀴는 60분으로 표기되므로 1분은 6°입니다. 따라서 현재 시각(분)을 표기하기 위해서는 '현재 시각(분)×6'을 해야 합니다. (초 단위의 계산은 생략합니다.)

❷ 분침은 계속 움직이고 있습니다. 1분(60초)에 6°씩 회전하는 것을 무한 반복합니다.

오브젝트	예시
초침 ↑	① 시작하기 버튼을 클릭했을 때 방향을 (현재 시각(초)) x 6 도로 정하기 ② 무한 반복하기 　방향을 1 초 동안 6° 도 만큼 회전하기

설명

① 시계의 한 바퀴는 60초로 표기되므로 1초는 6°입니다. 따라서 현재 시각(초)을 표기하기 위해서는 '현재 시각(초)×6'을 해야 합니다.

② 초침은 계속 움직이고 있습니다. 1초에 6°씩 회전하는 것을 무한 반복합니다.

한걸음 나아가기

이번 미션에서는 엔트리에서만 제공하는 "현재시각"이라는 블록을 사용해 만들었습니다.

1. 현재시각이라는 블록을 사용하지 않고 1장 5화에서 배웠던 묻고 답하기를 이용해 시계를 움직이게 하는 방법은 없을까요?

2. 우리가 만든 시계에 알람기능을 추가해서 만들어 봅시다. 10분 뒤에 알람을 울리게 하거나 3시가 되면 알람이 울리도록 만들어 보세요.

04 암호해독기를 고쳐라

미션! 우리는 암호해독기 프로그램을 만들어서 보물 상자의 암호를 풀어야만 해!

미션이 완료된 모습

01_ 보물 상자는 매번 네 자리 숫자로 된 새로운 암호를 만든다.

02_ 암호해독기가 첫 번째 암호부터 네 번째 암호까지 일치하는 숫자를 확인한다.

03_ 보물 상자의 암호와 암호해독기가 푼 암호가 일치하면 자동으로 보물 상자가 열린다.

04_ 보물 상자 안에서 엔트리카 열쇠가 나온다.

오브젝트&속성

오브젝트	오브젝트 속성
암호해독기	암호해독기 X: -112.8 Y: -40.2 크기: 167.6 방향: 0.4° 이동 방향: 90.0°

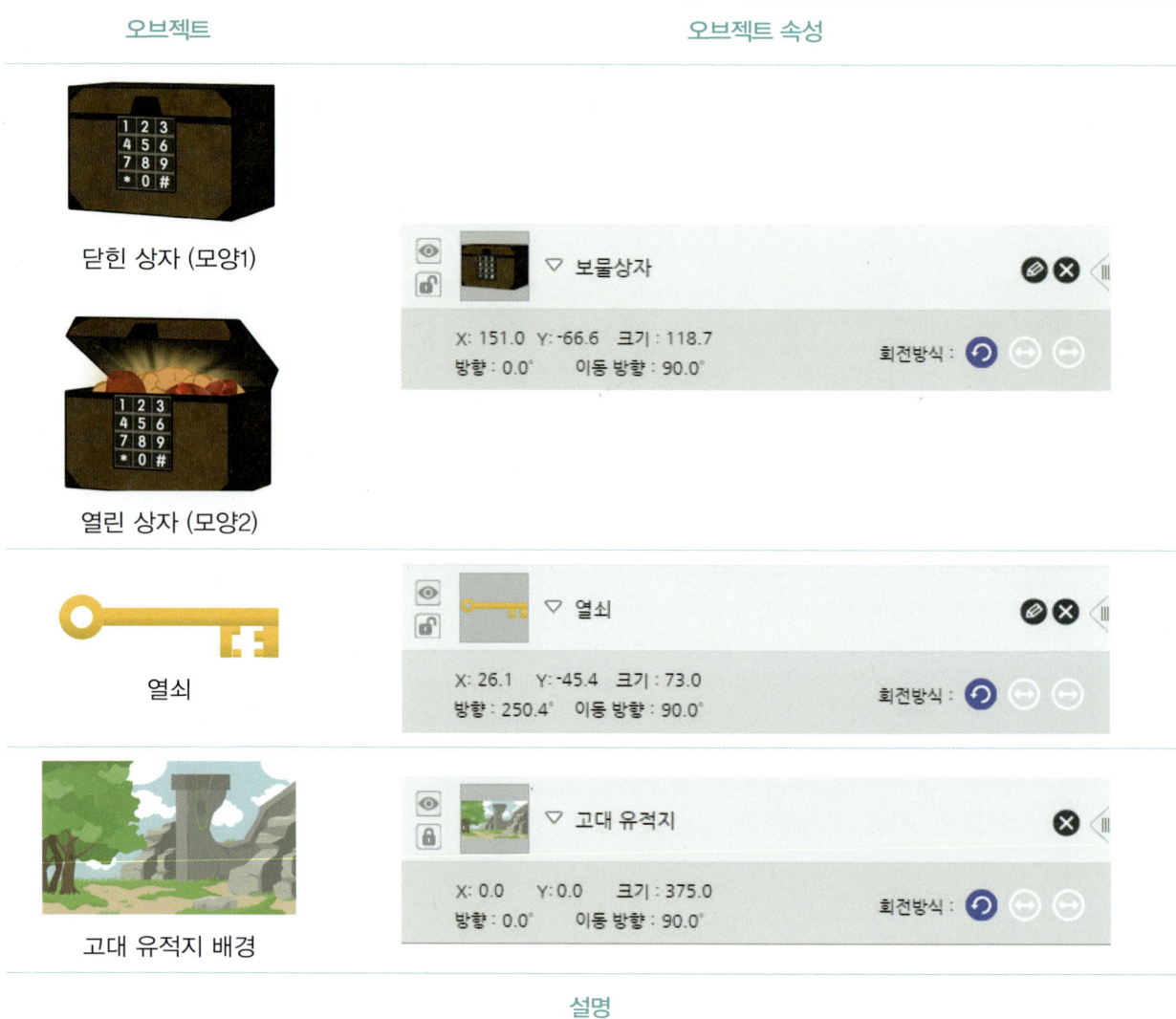

설명

① [오브젝트 추가하기]에서 [인터페이스]의 태블릿 1개, 보물 상자, 고대 유적지 배경을 넣습니다.

② 왼쪽의 오브젝트 속성을 보고 오브젝트 이름, 크기, x좌표, y좌표를 수정합니다.

③ 보물 상자 오브젝트는 모양이 두 가지 입니다. 닫힌 상자(모양1)을 위에 두고 선택하여 기본 모양으로 정합니다.

④ 열쇠 오브젝트는 직접 이미지를 업로드 합니다. 열쇠 오브젝트가 없다면 그림판 도구를 이용해 그리거나 다른 오브젝트를 사용해도 좋습니다.

오브젝트 릴레이

〈보기〉에서 알맞은 기호와 내용을 골라 빈칸에 써 봅시다.

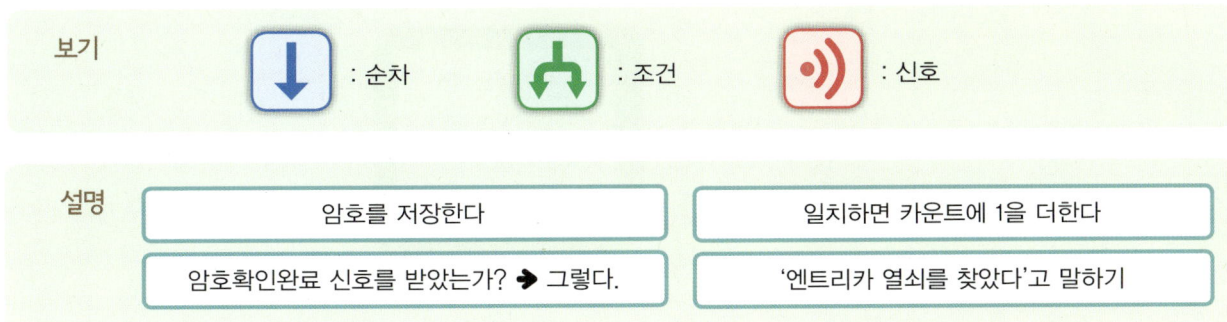

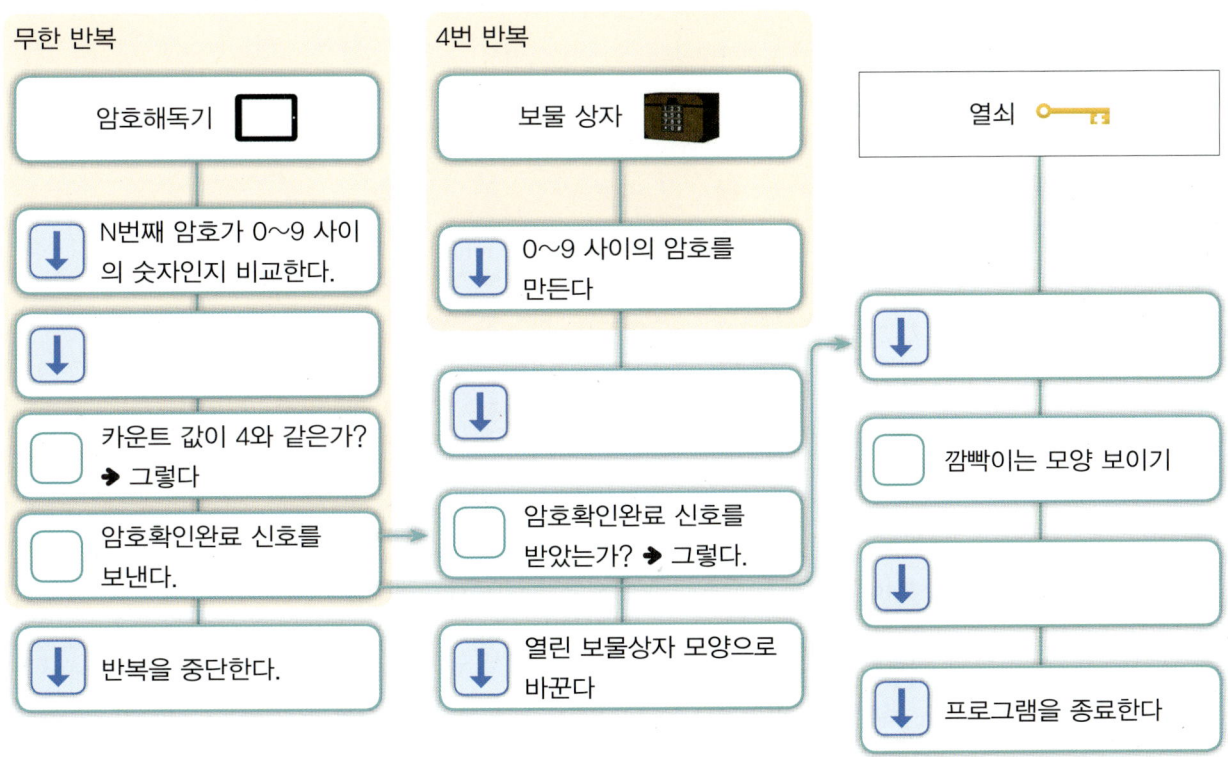

미션 해결과정

오브젝트	예시

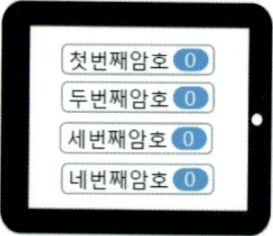

설명

❶ 앞에서 추가한 '첫번째암호'~'네번째암호' 변숫값이 화면에 표시되면 드래그해서 암호해독기 화면 위에 차례로 올려놓습니다.

	예시

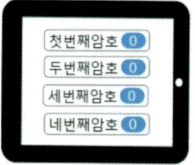

암호해독기

❶ 시작하기 버튼을 클릭했을 때
❷ 첫번째암호를 0 로 정하기
  두번째암호를 0 로 정하기
  세번째암호를 0 로 정하기
  네번째암호를 0 로 정하기
❸ 카운트를 0 로 정하기
❹ 암호해독 중... 을(를) 3 초 동안 말하기

설명

❶ 시작하기 버튼을 클릭하면 아래의 블록이 실행됩니다.

❷ 대상은 '첫번째암호'로 지정합니다. 이 변수는 앞에서 미리 만들어 뒀습니다. 값은 '0'으로 정합니다. 이러한 것을 초기화라고 합니다. 두 번째부터 네 번째 암호까지 모두 초기화해 줍니다.

❸ '카운트' 변수도 초기화 해줍니다. 이 변수는 '첫번째암호'부터 '네번째암호'까지 '상자암호'와 일치되는 수를 세는 역할을 합니다.

❹ '암호해독중...'이라는 말을 3초 동안 보여줍니다.

오브젝트	예시
암호해독기	① 무한 반복하기 ② 만일 〈첫번째암호▼ 값〉 = 〈보물상자암호▼ 의 〈보물상자암호▼ 의 길이〉 - 3 번째 항목〉 이라면 　　만일 〈두번째암호▼ 값〉 = 〈보물상자암호▼ 의 〈보물상자암호▼ 의 길이〉 - 2 번째 항목〉 이라면 　　　만일 〈세번째암호▼ 값〉 = 〈보물상자암호▼ 의 〈보물상자암호▼ 의 길이〉 - 1 번째 항목〉 이라면 　　　　만일 〈네번째암호▼ 값〉 = 〈보물상자암호▼ 의 〈보물상자암호▼ 의 길이〉 번째 항목〉 이라면 ③ 　　　　　카운트▼ 에 1 만큼 더하기 　　　　아니면 　　　　　네번째암호▼ 에 1 만큼 더하기 　　　아니면 　　　　세번째암호▼ 에 1 만큼 더하기 　　아니면 　　　두번째암호▼ 에 1 만큼 더하기 　아니면 ④ 　첫번째암호▼ 에 1 만큼 더하기

설명

① 감싸고 있는 블록들을 계속해서 실행합니다.

② 앞서 설명한 블록을 넣습니다. 만약 조건이 일치했을 때는 그 다음 순서의 암호를 비교하는 블록이 실행됩니다.

③ 첫 번째부터 네 번째 암호까지 상자암호와 일치하게 됐을 때 '카운트' 변수에 1씩 더해 갑니다.

④ 조건에 맞지 않을 때 변수에 1씩 더해 줍니다. 즉, 0부터 1씩 커지면서 상자의 암호와 같은지 비교하는 것입니다.

오브젝트	예시
	❶ 만일 `카운트 값 = 4` 이라면 ❷ `암호 해독 완료!!!!` 을(를) 2 초 동안 말하기 ❷ `암호확인완료` 신호 보내기 ❸ 반복 중단하기

설명

❶ 만약 '카운트' 변수의 값이 4와 같으면 내부의 명령어 블록들을 실행합니다. 즉, 네 개의 암호가 다 맞았을 때를 확인하는 명령어 블록입니다.

❷ 모든 암호를 찾았을 때 '암호확인완료' 신호를 보내게 됩니다.

❸ 모든 암호를 찾으면 암호를 찾는 과정이 중단됩니다.

완성된 코드

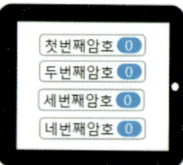

암호해독기

❓ 복잡한 코드가 어떻게 만들어진 것인가요?

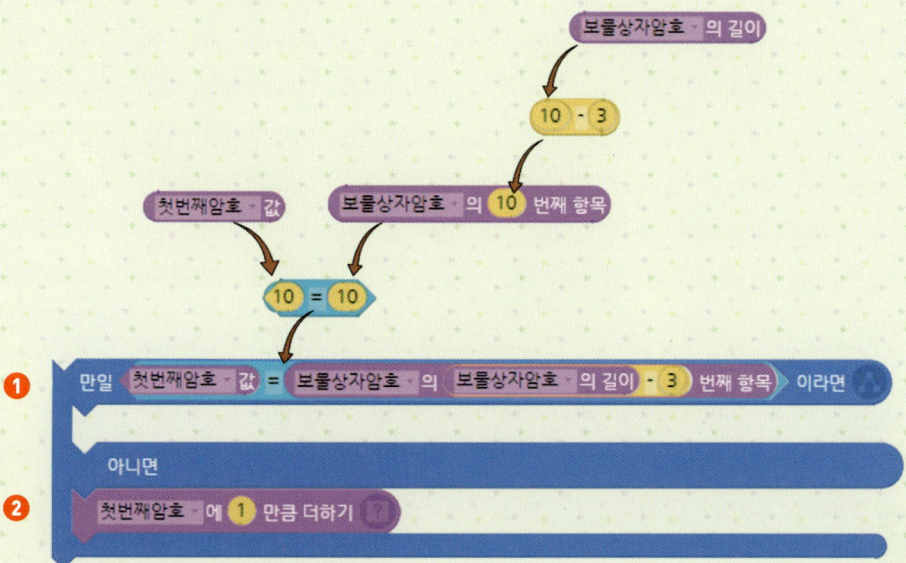

❶ 암호해독기 오브젝트는 첫 번째 암호부터 네 번째 암호까지 각 암호가 0부터 9까지인지를 확인하는 코드로 이뤄져 있습니다. 만일 첫 번째 암호의 값이 상자암호 리스트의 첫 번째(리스트 길이는 4이므로 거기에서 3을 뺀 값은 1입니다) 항목의 값과 같다면 안에 있는 코드를 실행합니다.

❷ 그렇지 않으면 (2)의 명령어 블록에 의해 첫 번째 암호 변수에 1을 더하게 됩니다. 즉, 0부터 9까지 하나씩 대입해가며 비교하는 형태가 됩니다.

오브젝트	예시
 상자	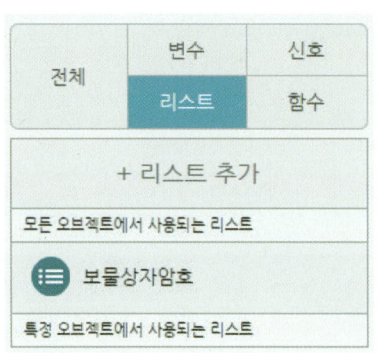 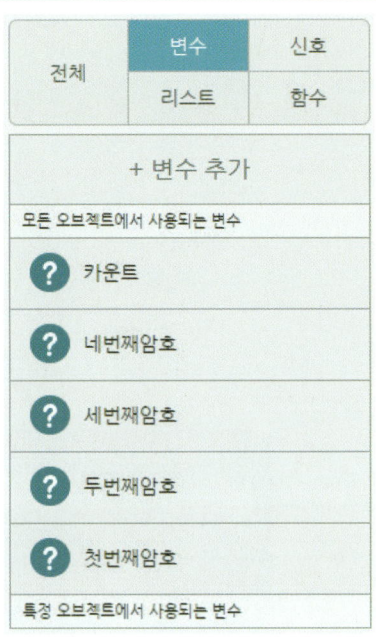

설명

① [속성]-[리스트]-[리스트 추가]를 해서 이름을 '보물상자암호'로 정합니다.

② [변수 추가]를 이용해 '첫번째암호'~'네번째암호' 변수와 '카운트' 변수를 추가해 줍니다. 변수는 모든 오브젝트에서 사용되는 변수입니다.

예시

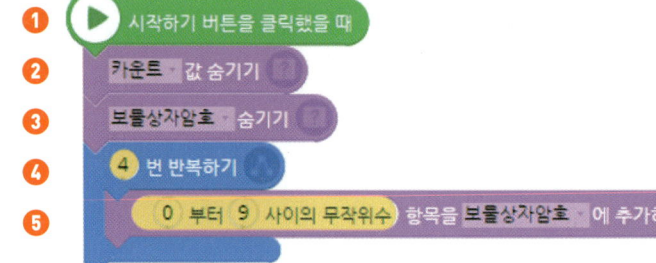

오브젝트	설명
	① '시작하기' 버튼을 클릭했을 때 아래의 블록들이 실행됩니다.
	② 카운트 변수가 화면에 보이지 않도록 숨깁니다.
	③ 자동으로 생성된 보물 상자의 암호 리스트가 화면에 보이지 않게 숨깁니다.
	④ 무작위로 암호를 만들어 저장하는 과정을 4번 반복합니다.
	⑤ 0부터 9 사이의 무작위 수를 만들어 상자암호 리스트에 넣어 줍니다.

예시

상자

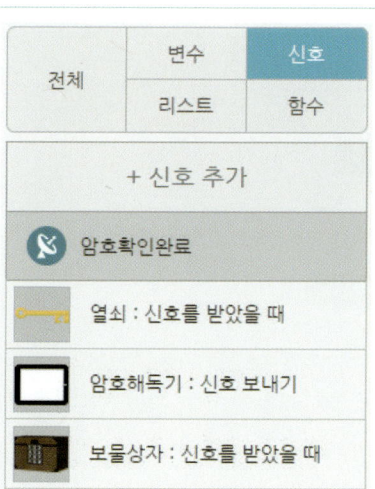

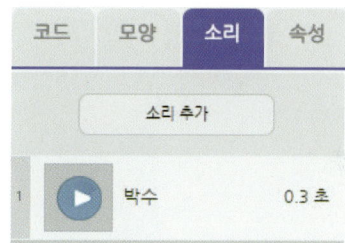

설명

① [속성 탭]에서 [신호]-[신호 추가]를 선택해 '암호확인완료' 신호를 만듭니다. 암호해독기에서 암호를 모두 맞추면 '암호확인완료' 신호를 받아 아래 블록들을 실행하게 됩니다.

② [소리 탭]-'소리 추가'를 통해 소리 선택 창에서 [사람]-'박수갈채' 소리를 추가합니다.

오브젝트	예시
상자	① `암호확인완료 신호를 받았을 때` ② `소리 박수 재생하기` ③ `열린보물상자 모양으로 바꾸기`

설명

① 암호확인완료 신호를 받으면 아래에 연결된 블록을 실행합니다.

② '박수' 소리를 재생합니다.

③ '열린보물상자' 모양으로 보물상자 오브젝트의 모양을 바꿔 줍니다.

오브젝트	예시
열쇠	① `시작하기 버튼을 클릭했을 때` / `모양 숨기기` ② `암호확인완료 신호를 받았을 때` ③ `4 번 반복하기` / `모양 보이기` / `0.5 초 기다리기` / `모양 숨기기` / `0.5 초 기다리기` ④ `모양 보이기` ⑤ `엔트리카 열쇠를 찾았다! 을(를) 4 초 동안 말하기`

설명

① 모양을 숨깁니다.

② '암호확인완료' 신호를 받으면 연결된 블록을 실행합니다.

③ 4번 반복합니다. 이는 모양을 보였다가 숨겼다가를 반복하면서 열쇠가 깜빡이면서 나타나는 모습을 나타내기 위한 것입니다.

④ 열쇠가 나타납니다.

⑤ '엔트리카 열쇠를 찾았다!'라고 말합니다.

한걸음 나아가기

이번 미션에서는 '만약~라면, 아니면' 블록이 많이 쓰였습니다. 복잡한 코드를 줄여 보면 어떨까요?

05 일어나, 엔트리카!

05 일어나, 엔트리카! 151

엔트리카를 운전해 목적지까지 가자!

미션이 완료된 모습

01_ 키보드의 위쪽 방향키를 누를 때마다 속도가 증가하고 속도에 따라 자동차가 앞으로 간다.

02_ 좌, 우 방향키를 누르면 좌, 우로 방향을 바꾼다.

03_ 아래 방향키를 누르면 속도가 느려지고 속도가 0이 되면 멈춘다.

04_ 길 밖으로 벗어나면 '부딪혔다!'라고 말하며 속도가 줄어든다.

05_ 목적지에 도착하면 '미션 성공!'이라는 메시지가 뜬다.

오브젝트&속성

오브젝트/모양	오브젝트 속성	설명

설명

① [오브젝트 추가하기]에서 자동차, 산, 트랙, 카레이스 배경을 넣습니다.

② [오브젝트 추가하기]-[글상자]에서 '미션 성공!'을 입력해 추가합니다.

③ 왼쪽의 오브젝트 속성을 보고 오브젝트 이름, 크기, x좌표, y좌표를 수정합니다.

④ [변수 추가]에서 '속도' 변수를 추가합니다.

⑤ [신호 추가]에서 '미션 성공' 신호를 추가합니다.

오브젝트 릴레이

〈보기〉에서 알맞은 기호와 내용을 골라 빈칸에 써 봅시다.

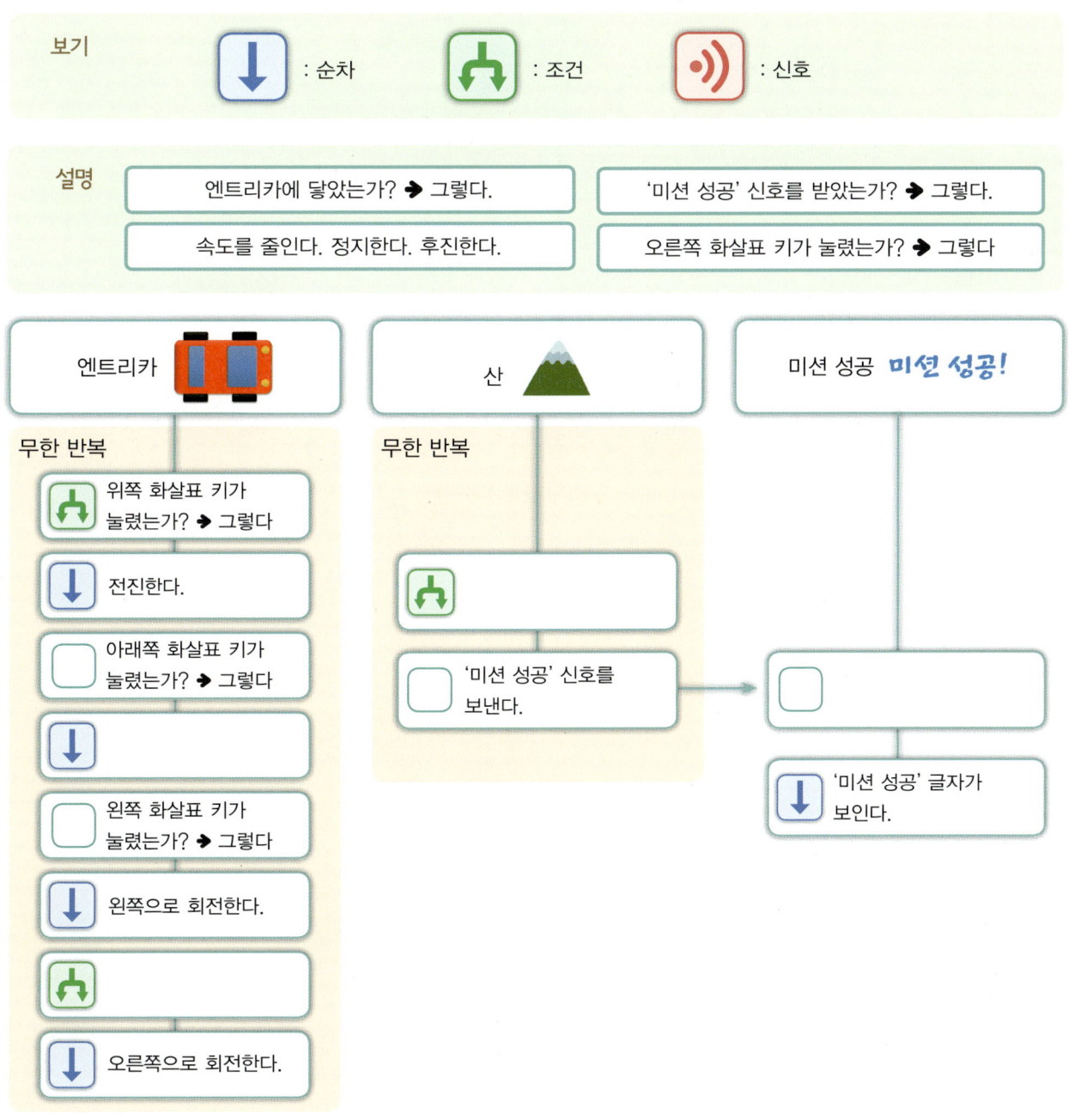

미션 해결과정

오브젝트

예시

설명

① 시작하기 버튼을 클릭했을 때 아래의 블록들이 실행됩니다.

② 엔트리카가 배경에 닿을 때마다 '부딪혔다'를 말하도록 무한반복 블록을 사용합니다.

③ 엔트리카가 배경에 닿았는지 판단합니다.

④ 배경에 닿았을 경우 '부딪혔다'를 말합니다.

⑤ 속도를 '0'으로 초기화합니다.

엔트리카

예시

설명

① 엔트리카는 사람이 바라볼 때 오른쪽으로 이동하는 것처럼 보입니다. 따라서 키보드 방향키의 오른쪽 키를 눌러야 하는 것으로 착각할 수 있습니다. 이동 방향은 그림과 같이 엔트리카를 기준으로 생각해야 합니다.

② 키보드의 왼쪽 화살표 방향키를 눌렀을 때 좌회전하게 됩니다.

③ 키보드의 오른쪽 화살표 방향키를 눌렀을 때 우회전하게 됩니다.

④ 키보드의 아래쪽 화살표 방향키를 눌렀을 때 속도를 낮추다가 0이 되면 멈추고, 속도 값이 0보다 작아지면 후진하게 됩니다.

오브젝트	예시
 엔트리카	① 위쪽 화살표 키를 눌렀을 때 ② 속도▼ 에 0.5 만큼 더하기 　무한 반복하기 ③ 　만일 속도▼ 값 <= 2 이라면 ④ 　　화살표 방향으로 속도▼ 값 만큼 움직이기 　　0.1 초 기다리기

설명

① 전진하게 합니다.

② 엔트리카가 이동하는 속도에 변화를 주기 위해 '속도' 변수만큼 이동하게 합니다.

③ '속도' 변수의 값이 커지게 되면 엔트리카가 너무 빠른 속도로 이동하기 때문에 2 이하일 때만 속도를 증가시킵니다. 최대 속도가 2가 됩니다.

④ 엔트리카의 화살표 방향(이동 방향)으로 속도 값만큼 이동하게 합니다.

예시
① 아래쪽 화살표 키를 눌렀을 때 ② 속도▼ 에 -0.5 만큼 더하기 　무한 반복하기 ③ 　만일 속도▼ 값 <= 0 이라면 ④ 　　화살표 방향으로 속도▼ 값 만큼 움직이기 　　0.1 초 기다리기

설명

① 속도를 낮추거나 정지, 후진을 하도록 아래쪽 화살표 키를 지정합니다.

② 속도 값에는 '-0.5'씩 더해 속도가 점차 느려지게 합니다.

③ 속도 값에 따라 계속 이동하게 합니다.

④ '화살표 방향으로 속도만큼 움직이기'를 넣어 속도가 줄어들면 멈추고 ' - ' 값이 됐을 때는 뒤로 움직이게 합니다.

오브젝트	예시
엔트리카	① 왼쪽 화살표 키를 눌렀을 때 ② 방향을 350° 도 만큼 회전하기 ③ 오른쪽 화살표 키를 눌렀을 때 ④ 방향을 10° 도 만큼 회전하기

설명

① 왼쪽 화살표 키를 눌렀을 때 좌회전하게 합니다.

② 350도 만큼 방향을 움직이는 것은 엔트리카를 기준으로 왼쪽으로 10도만큼 회전하는 것입니다.

③ 오른쪽 화살표 키를 눌렀을 때 우회전하게 합니다.

④ 10도 만큼 방향을 움직이는 것은 엔트리카를 기준으로 오른쪽으로 10도만큼 회전하는 것입니다.

오브젝트	예시
산	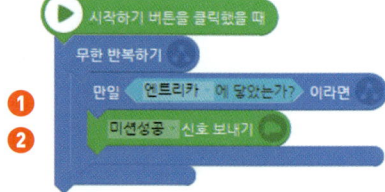

설명

① 엔트리카가 산에 도착했는지를 계속 확인해 만일 엔트리카가 산에 닿으면 다음 명령어를 실행합니다.

② '미션 성공' 신호를 보냅니다.

오브젝트	예시
미션 성공! 미션 성공	① 시작하기 버튼을 클릭했을 때 / 모양 숨기기 ② 미션성공 신호를 받았을 때 ③ 모양 보이기
	설명
	① 모양을 숨겨 둡니다. ② '미션 성공' 신호를 받으면 연결된 블록이 실행됩니다. ③ 숨겨 뒀던 글자가 나타나게 합니다.

한걸음 나아가기

엔트리카가 스스로 길을 찾아 가려면 어떻게 해야 할까요? 무인자동차처럼 길을 따라 움직이는 엔트리카를 만들어 봅시다.

06 두더지를 잡아라

06 두더지를 잡아라

농작물을 먹는 두더지를 잡아라!

미션이 완료된 모습

01_ 나타난 두더지를 뽕망치로 잡는다.

02_ 두더지를 잡으면 두더지 모양이 바뀌며 점수가 1점 올라간다.

오브젝트&속성

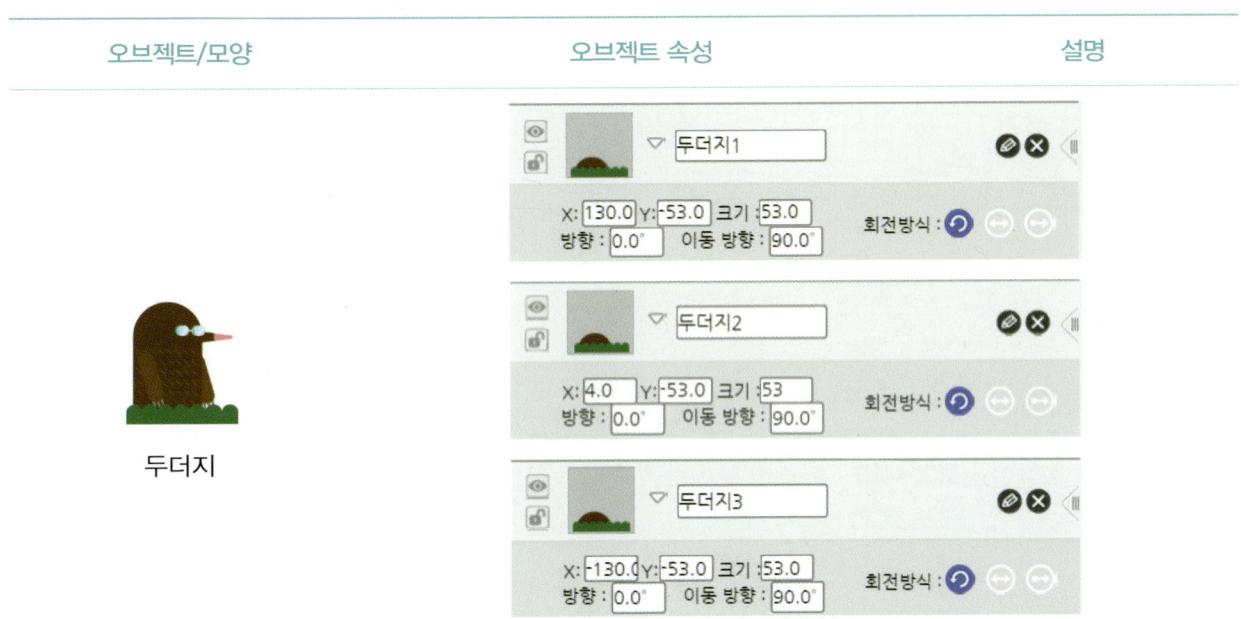

① [오브젝트 추가하기]에서 두더지, 뽕망치와 배경을 추가합니다.

② 오브젝트의 속성을 보고 x좌표, y좌표, 방향, 이동 방향을 수정합니다.

오브젝트 릴레이

1. 〈보기〉에서 알맞은 기호와 내용을 골라 빈칸에 써 봅시다.

2. 위에서 반복이 필요한 부분을 네모로 묶어보세요.

미션 해결과정

오브젝트	예시	설명
 두더지	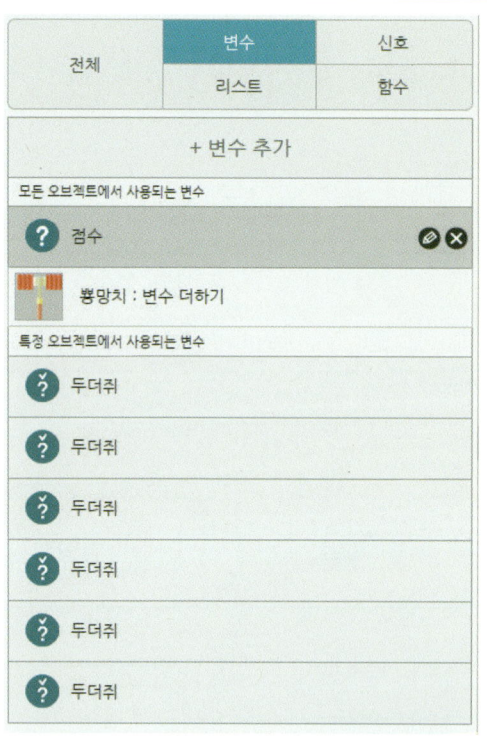	❶ [변수 추가]를 클릭하고, 이름을 '점수'로 수정합니다. 이 변수는 점수 값을 가지고 있는 변수입니다. ❷ [변수 추가]를 클릭하고, 이름을 '두더지'로 수정합니다. 이 변수는 뽕망치가 두더지를 잡았을 때 점수를 올리기 위한 변수입니다. ❶ [신호 추가]를 클릭하고, 이름을 '뽕망치'로 수정합니다. 이 신호는 뽕망치가 두더지에 닿았을 때 잡았다는 상황을 전달해주는 신호입니다.

오브젝트	예시
두더지	(블록 코드 1~10)

설명

두더지

① 시작하기 버튼을 클릭했을 때 아래의 블록들이 실행됩니다.

② 두더쥐 변숫값을 0으로 정해줍니다. 값이 0이면 구멍 안에 있다는 뜻, 값이 1이면 구멍에서 나왔다는 뜻입니다.

③ 두더지 모양을 구멍에 들어간 상태(두더지4) 로 바꿔 줍니다.

④ 두더지가 뿅망치에 닿을 때까지 검사하기 위해 무한 반복하기 블록을 사용합니다.

⑤ 두더지들이 무작위로 나오도록 무작위 수 블록을 사용합니다.

⑥ 두더지를 구멍에서 나온 상태(두더지1)로 바꿔줍니다.

⑦ 두더지가 나온 상태를 알려주기 위해 변숫값을 1로 바꿔줍니다.

⑧ 두더지들이 무작위로 구멍에 들어가도록 무작위수 블록을 사용합니다.

⑨ 구멍 속에 들어간 상태(두더지4)로 바꿔줍니다.

⑩ 두더지가 구멍으로 들어간 상태를 알려주기 위해 변숫값을 0으로 바꿔줍니다.

02부 위기에 빠진 엔트리 월드

오브젝트	예시
	① 마우스를 클릭했을 때 ② 만일 〈뽕망치〉에 닿았는가? 그리고 〈두더쥐 값 = 1〉 이라면 ③ 뽕망치 신호 보내기 ④ 두더쥐3 모양으로 바꾸기 ⑤ 아야 을(를) 0.5 초 동안 말하기

두더지

설명

① 마우스를 클릭했을 때 아래의 블록들이 실행됩니다.

② 뽕망치가 두더지와 닿았는지와 두더지가 구멍에서 나온 상태인지 변숫값으로 알아봅니다.

③ 변숫값이 1일 때 마우스로 클릭했으면 뽕망치에게 잡았다는 신호를 보냅니다.

④ 두더지가 뽕망치에 맞은 상태(두더지3)으로 바꿔줍니다.

⑤ '아야'를 0.5초 동안 말합니다.

예시

① 시작하기 버튼을 클릭했을 때
② 무한 반복하기
　　x: 마우스 x 좌표 + 0 y: 마우스 y 좌표 + 0 위치로 이동하기

설명

뽕망치

① 시작하기 버튼을 클릭했을 때 아래의 블록들이 실행됩니다.

② 뽕망치가 마우스를 따라다니도록 설정합니다.

예시	설명
① 마우스를 클릭했을 때 ② 방향을 0.05 초 동안 -80° 도 만큼 회전하기 　방향을 0.1 초 동안 80° 도 만큼 회전하기	① 마우스를 클릭했을 때 아래의 블록들이 실행됩니다. ② 뽕망치가 두더지를 때리는 애니메이션을 만들어 봅니다.

① 뽕망치에게 신호를 받았을 때 아래의 블록들이 실행됩니다.

② 두더지를 잡았다는 신호를 받으면 점수에 1점을 더합니다.

한걸음 나아가기

1. 점수가 10점이 되면 미션을 완료할 수 있게 블록을 고쳐보세요.

2. 구멍에서 나오지 않은 두더지를 클릭할 때는 점수를 1점 감점되도록 프로그램을 고쳐보세요.

07 눈 내리는 마을에 사는 로봇

07 눈 내리는 마을에 사는 로봇

눈 정리 로봇이 잘 작동되게 만들어서 막혀버린 길을 뚫어야 해!

미션이 완료된 모습

01_ 화살표 방향키를 누르면 눈 정리 로봇이 움직입니다.

02_ 미로와 눈덩이에 닿으면 '아이쿠' 하면서 못 지나갑니다.

03_ 스페이스바를 누르면 레이저가 나갑니다.

04_ 레이저에 닿으면 눈은 없어집니다.

오브젝트&속성

오브젝트/모양	오브젝트 속성
눈 정리 로봇(로봇1)	눈 정리 로봇 X: -200.0 Y: -110.0 크기: 35.0 방향: 0.0° 이동 방향: 90.0°
레이저(센서)	레이저 X: 0.0 Y: 0.0 크기: 50.0 방향: 0.0° 이동 방향: 90.0°

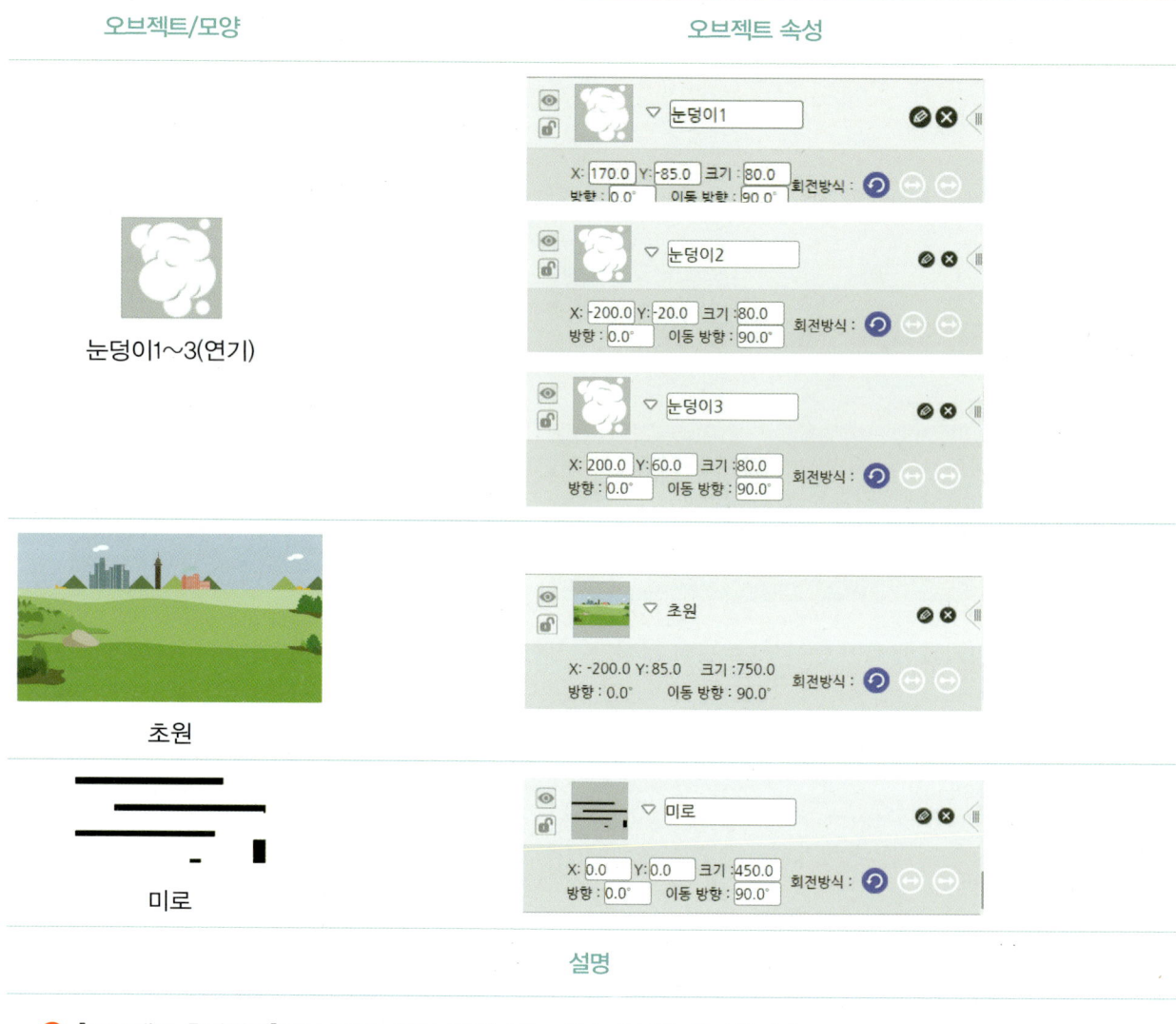

설명

❶ [오브젝트 추가하기]에서 로봇1, 센서, 연기 3개, 미로1, 초원을 추가합니다.

❷ 왼쪽의 오브젝트 속성을 보고 크기, X좌표, Y좌표, 방향, 이동 방향을 수정합니다.

오브젝트 릴레이

1. 〈보기〉에서 알맞은 기호와 내용을 골라 빈칸에 써 봅시다.

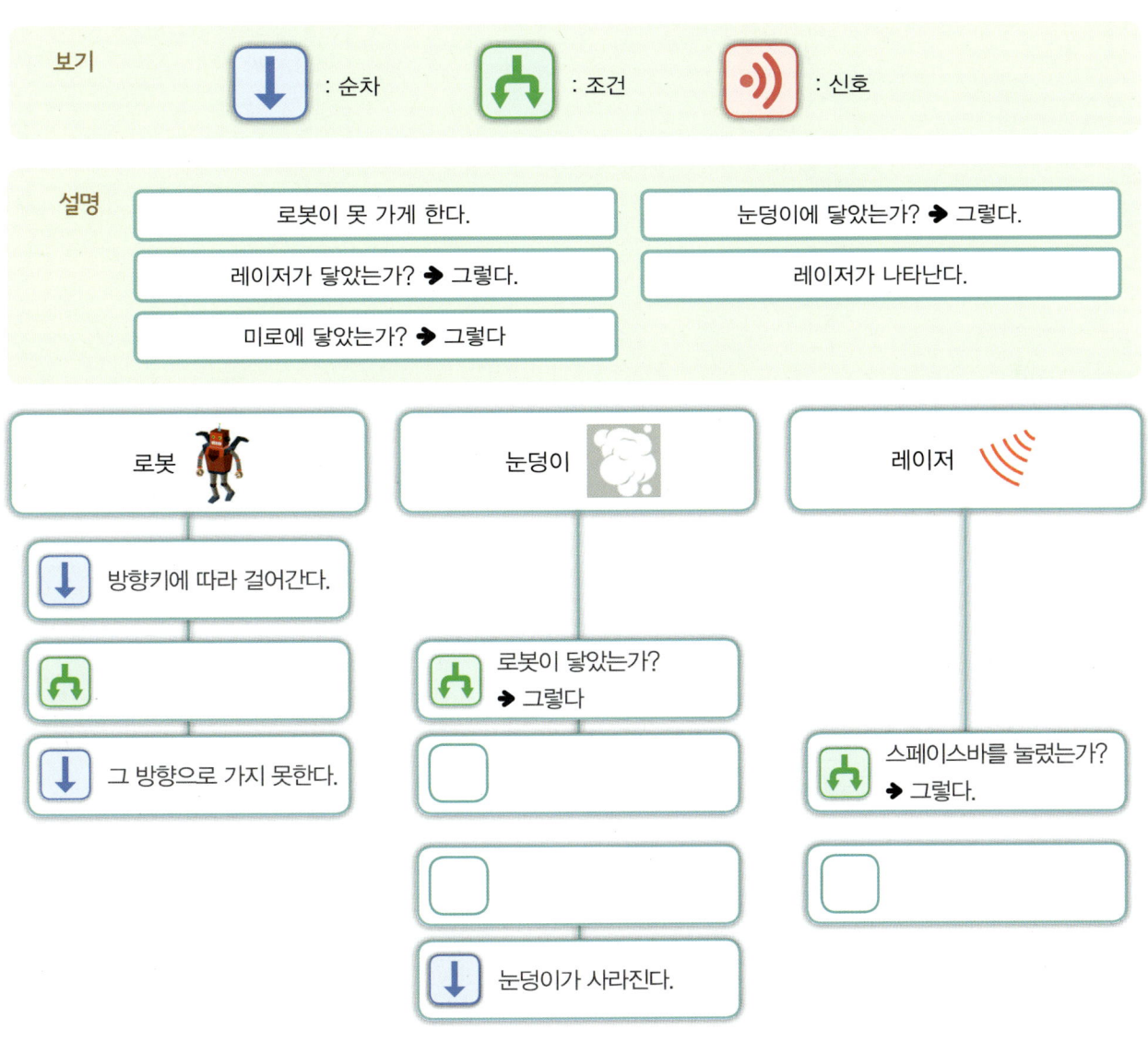

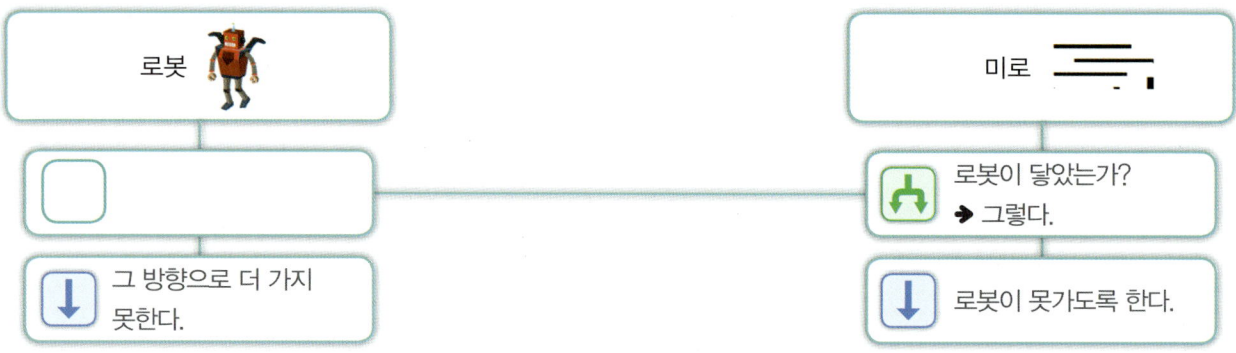

2. 위에서 반복이 필요한 부분을 네모로 묶어보세요.

미션 해결과정

오브젝트	예시

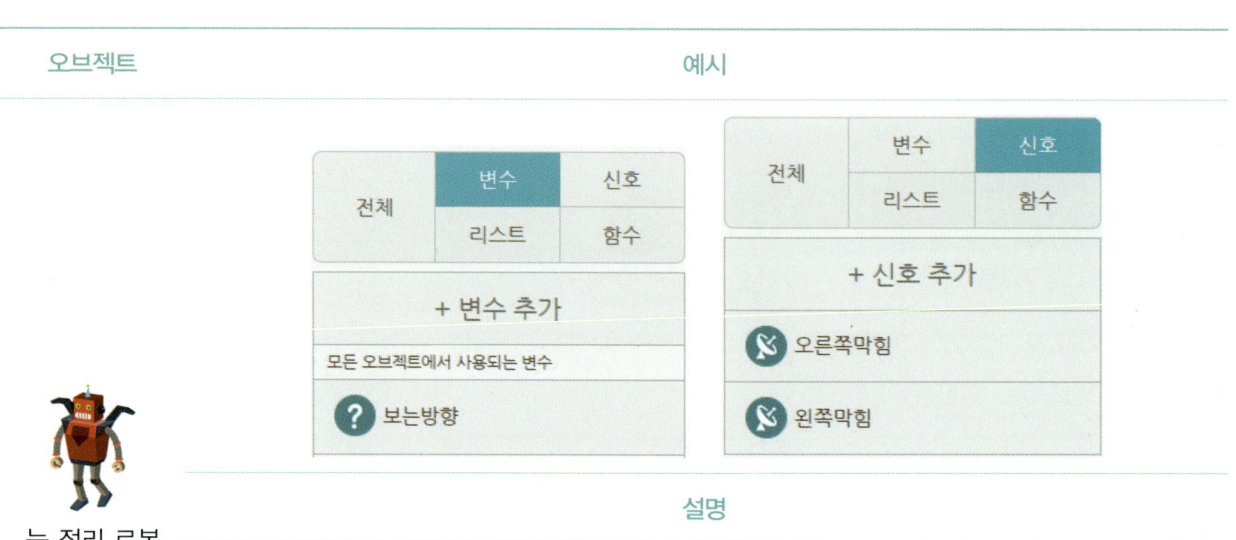

눈 정리 로봇
(로봇1)

설명

❶ [변수 추가]를 클릭하고, 이름을 '보는방향'으로 수정합니다. 이 변수는 레이저를 나타낼 때 방향을 정해주는 변수입니다.

❷ [신호 추가]를 클릭하고, 이름을 '오른쪽막힘'으로 수정합니다. 신호를 하나 더 추가해 이름을 '왼쪽막힘'으로 수정합니다.

이 신호는 눈덩이나 미로에 로봇이 닿았을 때 막혔다는 것을 전달해주는 신호입니다.

오브젝트	예시
 눈 정리 로봇 (로봇1)	① 왼쪽 화살표 키를 눌렀을 때 ② 만일 보는방향▼ 값 = 1 이라면 좌우 모양 뒤집기 ③ 보는방향▼ 를 0 로 정하기 ④ 이동 방향을 270˚ 도로 정하기 ⑤ 화살표 방향으로 2 만큼 움직이기 ⑥ 다음 모양으로 바꾸기 ⑦ 만일 미로▼ 에 닿았는가? 이라면 ⑧ 왼쪽막힘▼ 신호 보내기

설명

① 왼쪽 화살표키를 눌렀을 때 아래의 블록들이 실행됩니다.

② 오른쪽을 보고 있었는지 확인해 오른쪽을 보고 있었다면 좌우모양을 뒤집어 줍니다. 보는방향 값이 0이면 왼쪽을 보고 있다는 뜻이고, 보는방향 값이 1이면 오른쪽을 보고 있다는 뜻입니다.

③ 보는 방향 값을 0으로 정해줍니다. 왼쪽을 보고 있다는 뜻입니다.

④ 이동 방향을 왼쪽(270도)으로 수정하는 블록입니다.

⑤ 왼쪽으로 2만큼 이동합니다.

⑥ 걸어가는 모습을 표현하기 위해 [다음 모양으로 바꾸기] 블록을 연결합니다.

⑦ 미로에 닿았는지 판단합니다.

⑧ 왼쪽으로 이동하다가 미로에 닿았다면 '왼쪽 막힘' 신호를 보냅니다.

오브젝트	예시
 눈 정리 로봇 (로봇1)	① 오른쪽 화살표 키를 눌렀을 때 ② 만일 〈보는방향▼ 값 = 0〉 이라면 　좌우 모양 뒤집기 ③ 보는방향▼ 를 1 로 정하기 ④ 이동 방향을 90° 도로 정하기 ⑤ 화살표 방향으로 2 만큼 움직이기 ⑥ 다음 모양으로 바꾸기 ⑦ 만일 〈미로▼ 에 닿았는가?〉 이라면 ⑧ 오른쪽막힘▼ 신호 보내기

설명

① 오른쪽 화살표키를 눌렀을 때 아래의 블록들이 실행됩니다.

② 왼쪽을 보고 있었는지 확인해 왼쪽을 보고 있었다면 좌우 모양을 뒤집어 줍니다.

③ 보는 방향을 1로 정합니다. 오른쪽을 보고 있다는 뜻입니다.

④ 이동 방향을 오른쪽(90도)으로 수정하는 블록입니다.

⑤ 오른쪽으로 2만큼 이동합니다.

⑥ 걸어가는 모습을 표현하기 위해 다음 모양으로 바꾸기 블록을 넣습니다.

⑦ 미로에 닿았는지 판단합니다.

⑧ 오른쪽으로 이동하다가 미로에 닿았다면 '오른쪽 막힘' 신호를 보냅니다.

예시

① 위쪽 화살표 키를 눌렀을 때
② 이동 방향을 0° 도로 정하기
③ 화살표 방향으로 2 만큼 움직이기
④ 다음 모양으로 바꾸기
⑤ 만일 〈미로▼ 에 닿았는가?〉 이라면
　y 좌표를 -2 만큼 바꾸기

오브젝트	설명
 눈 정리 로봇 (로봇1)	❶ 위쪽 화살표키를 눌렀을 때 아래의 블록들이 실행됩니다. ❷ 이동 방향을 위쪽(0도)으로 수정하는 블록입니다. ❸ 위쪽으로 2만큼 이동합니다. ❹ 걸어가는 모습을 표현하기 위해 다음 모양으로 바꾸기 블록을 넣습니다. ❺ 만약 미로에 닿았다면 위쪽 화살표의 반대 방향인 아래 방향으로 2만큼 이동합니다. 예시  설명 ❶ 아래쪽 화살표키를 눌렀을 때 아래의 블록들이 실행됩니다. ❷ 이동 방향을 아래쪽(180도)으로 수정하는 블록입니다. ❸ 아래쪽으로 2만큼 이동합니다. ❹ 걸어가는 모습을 표현하기 위해 다음 모양으로 바꾸기 블록을 넣습니다. ❺ 만약 미로에 닿았다면 위쪽 화살표의 반대 방향인 아래 방향으로 2만큼 이동합니다.

오브젝트	예시
눈 정리 로봇 (로봇1)	

① '왼쪽 막힘' 신호를 받았을 때 아래의 블록들이 실행됩니다.

② 왼쪽이 막혔으므로 왼쪽으로 2만큼 간 것을 원래대로 돌려놓아야 합니다. 따라서 오른쪽으로 2만큼 이동합니다.

예시

설명

① '오른쪽 막힘' 신호를 받았을 때 아래의 블록들이 실행됩니다.

② 왼쪽으로 2만큼 이동합니다.

예시

레이저(센서)

설명

① 시작하기 버튼을 클릭했을 때 아래의 블록들이 실행됩니다.

② 처음에 레이저의 모양이 나타나면 이상하므로 레이저 모양을 숨깁니다.

③ 보는방향 변숫값을 보여 줄 필요가 없으므로 숨깁니다.

오브젝트	예시
레이저(센서)	① 스페이스 키를 눌렀을 때 ② 만일 보는방향 값 = 0 이라면 ③ x: 눈 정리 로봇 의 x좌표값 - 30 y: 눈 정리 로봇 의 y좌표값 - 20 위치로 이동하기 ④ 왼쪽레이저 모양으로 바꾸기 ⑤ 모양 보이기 ⑥ 0.1 초 기다리기 ⑦ 모양 숨기기 ⑧ 아니면 x: 눈 정리 로봇 의 x좌표값 + 30 y: 눈 정리 로봇 의 y좌표값 - 20 위치로 이동하기 오른쪽레이저 모양으로 바꾸기 모양 보이기 0.1 초 기다리기 모양 숨기기

설명

① 스페이스키를 눌렀을 때 아래의 블록들이 실행됩니다.

② 보는 방향에 따라 레이저의 방향도 달라져야 합니다. 로봇의 보는 방향이 어느 쪽인지 먼저 확인할 필요가 있습니다.
만약 보는 방향값이 0이라면 아래의 블록들을 실행합니다. 보는 방향이 왼쪽인지 확인해 왼쪽일 때만 실행하는 것입니다.

③ 레이저가 로봇의 가슴 쪽에서 나오도록 이동시켜야 자연스럽습니다.
눈 정리 로봇의 X좌표 값에 -30을 계산하고, 눈 정리 로봇의 Y좌표 값에 -20을 계산해 그 위치로 이동시킵니다.

④ 레이저 모양을 왼쪽으로 변경합니다.

⑤ 레이저 모양을 보이게 합니다.

⑥ 레이저가 너무 오래 보이거나 너무 빨리 사라지면 자연스럽지 않습니다.
그래서 보이는 시간을 0.1초로 수정합니다.

⑦ 0.1초가 지난 뒤 레이저 모양을 숨깁니다.

오브젝트	설명
	❽ 앞에서 보는 방향값이 0일 때 블록을 실행했습니다. 이번에는 0이 아닐 때 아래의 블록을 실행합니다. 아래의 블록은 위에서 설명한 블록에서 방향만 반대로 바꾼 것입니다. X좌표 값에 +30을 계산하는 것과 오른쪽 레이저 모양으로 바꾸는 것 외에 모두 같습니다.

예시

눈덩이1
눈덩이3

설명
❶ 시작하기 버튼을 클릭했을 때 아래의 블록이 실행됩니다. ❷ 레이저에 닿을 때까지 계속 판단하기 위해 [무한 반복하기] 블록을 연결합니다. ❸ 만약 레이저에 닿았으면 모양을 숨겨 눈덩이가 사라지게 합니다. ❹ 만약 눈 정리 로봇에 닿았다면 '오른쪽 막힘' 신호를 보내서 못 지나가게 만듭니다.

예시

오브젝트	설명
눈덩이2	① 시작하기 버튼을 클릭했을 때 아래의 블록이 실행됩니다. ② 레이저에 닿을 때까지 계속 판단하기 위해 [무한 반복하기] 블록을 추가합니다. ③ 만약 레이저에 닿았으면 모양을 숨겨 눈덩이가 사라지게 합니다. ④ 만약 눈 정리 로봇에 닿았다면 '왼쪽 막힘' 신호를 보내서 못 지나가게 만듭니다.

한걸음 나아가기

1. 이번 프로젝트에서 '왼쪽 막힘'과 '오른쪽 막힘' 신호를 사용하지 않아도 실행되도록 블록을 고쳐보세요. 조금만 생각해보면 방법이 떠오를 거예요.

2. 이번 프로젝트를 실행하다 보면 이상한 점이 있습니다. 네, 로봇이 화면 밖으로 이동할 수 있다는 점이지요. 로봇을 화면 밖으로 이동하지 못하도록 블록을 추가해보세요.

08 하늘에서 음식이 내린다면

08 하늘에서 음식이 내린다면

하늘에서 떨어지는 음식을 피해야 해!

미션이 완료된 모습

01_ 진우는 마우스를 따라서 움직입니다.

02_ 하늘에서 서로 다른 크기의 음식이 서로 다른 속도로 떨어집니다.

03_ 진우의 몸이 음식에 닿으면 생명이 1씩 사라집니다.

04_ 진우의 생명이 모두 사라지면 모든 움직임이 멈추고 오른쪽 아래에 걸린 시간이 나타납니다.

오브젝트&속성

오브젝트/모양	오브젝트 속성
울타리	울타리 X: 0.0 Y: 0.0 크기: 375.0 방향: 0.0° 이동 방향: 90.0° 회전방식:

설명

① [오브젝트 추가하기]에서 고기, 진우, 울타리를 추가합니다.

② 오브젝트 속성을 보고 크기, X좌표, Y좌표, 방향, 이동 방향을 수정합니다.

③ 고기 오브젝트는 같은 속성과 명령어를 사용합니다. 처음에 고기 하나만 추가해 모든 명령어 작업을 마친 뒤 복제해 2개를 더 만드는 것이 좋습니다.

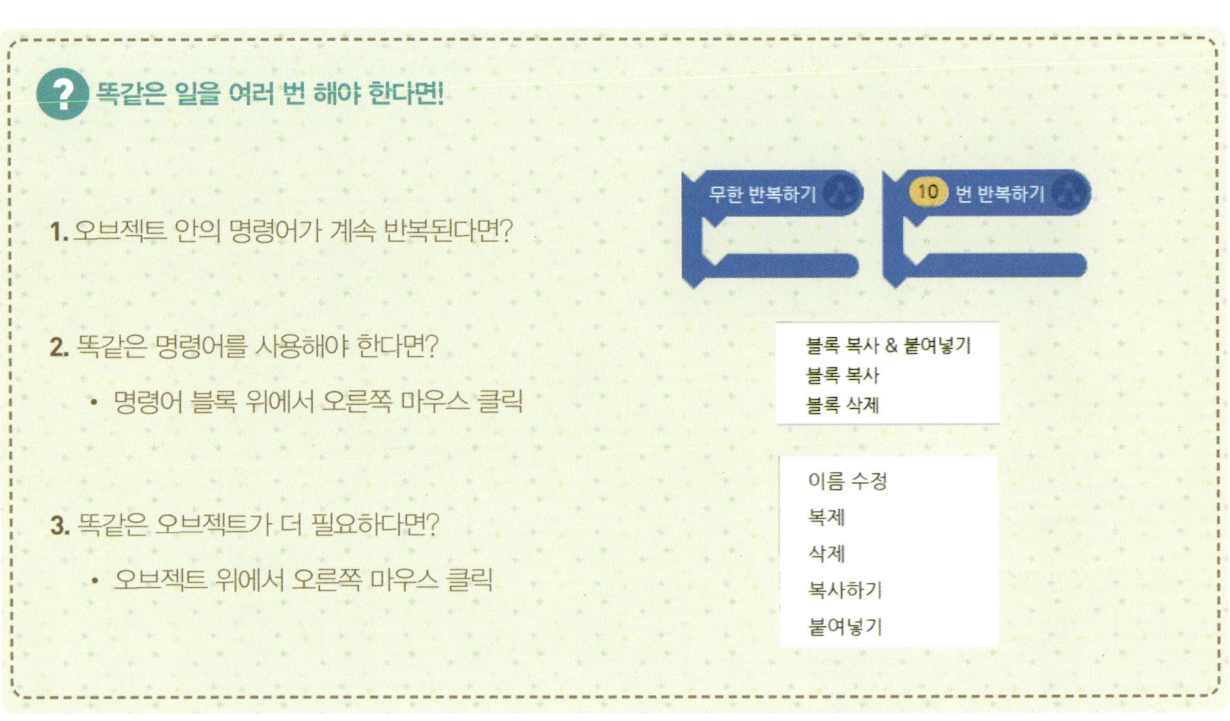

❓ 똑같은 일을 여러 번 해야 한다면!

1. 오브젝트 안의 명령어가 계속 반복된다면?

2. 똑같은 명령어를 사용해야 한다면?
   - 명령어 블록 위에서 오른쪽 마우스 클릭

3. 똑같은 오브젝트가 더 필요하다면?
   - 오브젝트 위에서 오른쪽 마우스 클릭

오브젝트 릴레이

1. 〈보기〉에서 알맞은 기호와 내용을 골라 빈칸에 써 봅시다.

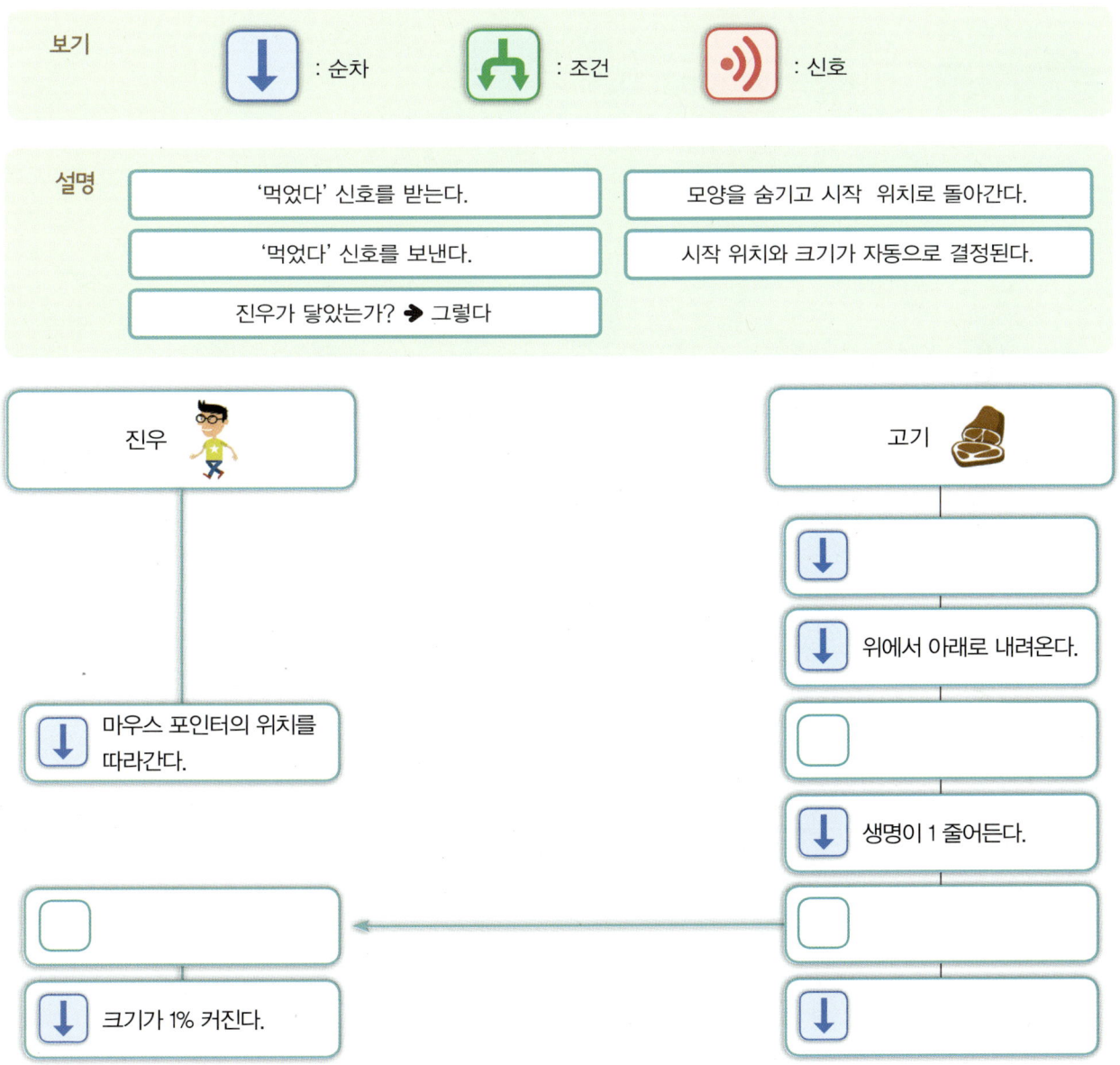

2. 위에서 반복이 필요한 부분을 네모로 묶어보세요.

미션 해결과정

오브젝트	설명
 배경	① 배경 오브젝트를 넣습니다.

예시

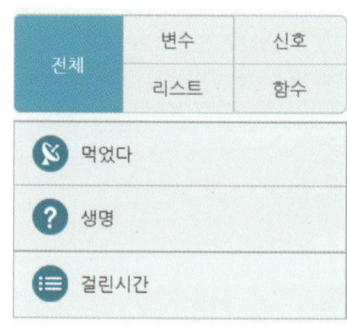

설명

진우

① [신호 추가]를 클릭하고, 이름을 '먹었다'로 수정합니다. 이 신호는 진수가 고기와 닿았다는 것을 알려주는 신호입니다.

② [변수 추가]를 클릭하고, 이름을 '생명'으로 수정합니다.

③ [리스트]를 클릭하고, 이름을 '걸린시간'이라고 수정합니다. 리스트는 변수와 비슷하지만 여러 개의 값을 관리할 수 있다는 점에서 다릅니다.

예시

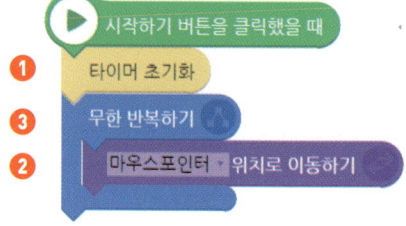

오브젝트	설명
 진우	① 처음 시작했을 때 타이머를 초기화합니다. ② 마우스 포인터의 위치로 진우를 이동하게 합니다. ③ 진우의 움직임은 계속돼야 하므로 무한 반복합니다. **예시** 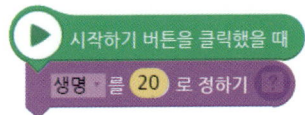 **설명** ① '생명'이라는 변수가 있어야 다음 블록을 만들 수 있습니다. ② 처음 시작했을 때 음식에 닿을 때 생명이 줄어들 수 있도록 기본 생명의 수를 정합니다. **예시**  **설명** ① '걸린시간'이라는 리스트가 있어야 다음블록을 만들 수 있습니다. ② 게임이 끝났을때 자신의 성적을 알기 위해 생명이 0일 때의 시간을 리스트에 추가합니다. ③ 모든 오브젝트를 멈춰서 게임이 끝나게 합니다. ④ 모든 명령은 게임이 끝나는 순간까지 계속돼야 하므로 무한 반복합니다.

오브젝트	예시
 진우	먹었다 신호를 받았을 때 / 크기를 1 % 만큼 바꾸기

설명

❶ 고기 오브젝트를 만들고 신호를 만든 뒤에 작업합니다.

❷ 먹었다 신호를 받았을 때 진우의 크기가 커지게 합니다.

예시

시작하기 버튼을 클릭했을 때
❶ 모양 숨기기
❻ 무한 반복하기
❷ 크기를 50 부터 100 사이에서의 무작위 수 % 로 정하기
　 모양 보이기
❸ x: -230 부터 230 사이에서의 무작위 수 y: 100 위치로 이동하기
❹ 0.2 부터 1.2 사이에서의 무작위 수 초 동안 x: 0 y: -200 만큼 움직이기
❺ 모양 숨기기

 고기

설명

❶ 처음 시작할 때 모양이 보이지 않도록 모양 숨기기를 합니다.

❷ 크기를 무작위 수로 정합니다(본래 삽입한 크기가 100입니다).

❸ x: -230~230의 무작위 수의 위치, y:100의 위치로 이동합니다. 고기의 처음 위치를 지정해 주는 것입니다.

❹ 0.2~1.2 사이의 무작위 초 동안(움직이는 속도가 다양하게 나타나도록) 위에서 아래쪽(y축만 움직임, 처음 위치에서 200픽셀 아래로 움직임)로 움직이게 합니다.

❺ y:-200의 위치에 도착하면 모양을 숨깁니다.

❻ 고기의 움직임을 무한 반복합니다.

오브젝트	예시
 고기	❻ 무한 반복하기 ❶ 만일 〈안경소년 에 닿았는가?〉 이라면 　　생명 에 -1 만큼 더하기 ❷ 　　모양 숨기기 ❸ 　　x: 0 y: 100 위치로 이동하기 ❺ 　　먹었다 신호 보내기 (시작하기 버튼을 클릭했을 때)

설명

❶ 만약 진우 오브젝트와 닿았다면 생명 변수의 수를 1씩 줄어들게 합니다.

❷ 진우와 닿았을 경우 바로 모양이 보이지 않도록 숨깁니다.

❸ 생명이 계속 줄어들지 않도록 고기의 위치를 옮겨줍니다.(x: 0, y: 100)

❹ "먹었다" 신호를 만듭니다.

❺ "먹었다" 신호를 보냅니다.

❻ 한번으로 끝나는 것이 아닌 계속되는 것이므로 무한 반복을 해줍니다.

한걸음 나아가기

이번 미션에서는 무작위 수라는 명령어와 신호, 리스트, 변수를 사용했습니다. 게임을 만들기 위해서는 다양한 요소를 사용해야 합니다.

1. 진우가 마우스가 아닌 키보드로 움직이게 만들어 보세요.

2. 게임을 더욱 흥미롭게 만들려면 소리도 중요합니다. 우리가 만든 게임에 소리 요소를 더해보세요. (예: 음식을 먹을 때마다 소리가 나게 하기)

메모

09 엔트리카, 바위를 넘어라

09 엔트리카, 바위를 넘어라

굴러오는 바위를 잘 피해서 성에 무사히 도착해야 해!

미션이 완료된 모습

01_ 시작하기를 누르면 게임이 시작됩니다.

02_ 배경을 움직여 이동하는 효과를 줍니다.

03_ 앞에서는 다양한 바위가 굴러옵니다.

04_ 스페이스바를 누르면 뛰게 됩니다.

05_ 바위에 닿을 때마다 에너지가 감소합니다.

06_ 남은 거리가 0이 될 때까지 모두 피하면 성공입니다.

오브젝트&속성

오브젝트/모양	오브젝트 속성
배터리	배터리 X: -180.0 Y: 120.0 크기: 60.0 방향: 0.0° 이동 방향: 90.0° 회전방식
바위	바위 X: 150.0 Y: -80.0 크기: 50.0 방향: 0.0° 이동 방향: 90.0° 회전방식

❶ [오브젝트 추가하기]에서 배터리, 바위, 승용차1, 울타리 2개를 추가합니다.

❷ 왼쪽의 오브젝트 속성을 보고 크기, X좌표, Y좌표, 방향, 이동 방향을 수정합니다.

오브젝트 릴레이

1. <보기>에서 알맞은 기호와 내용을 골라 빈칸에 써 봅시다.

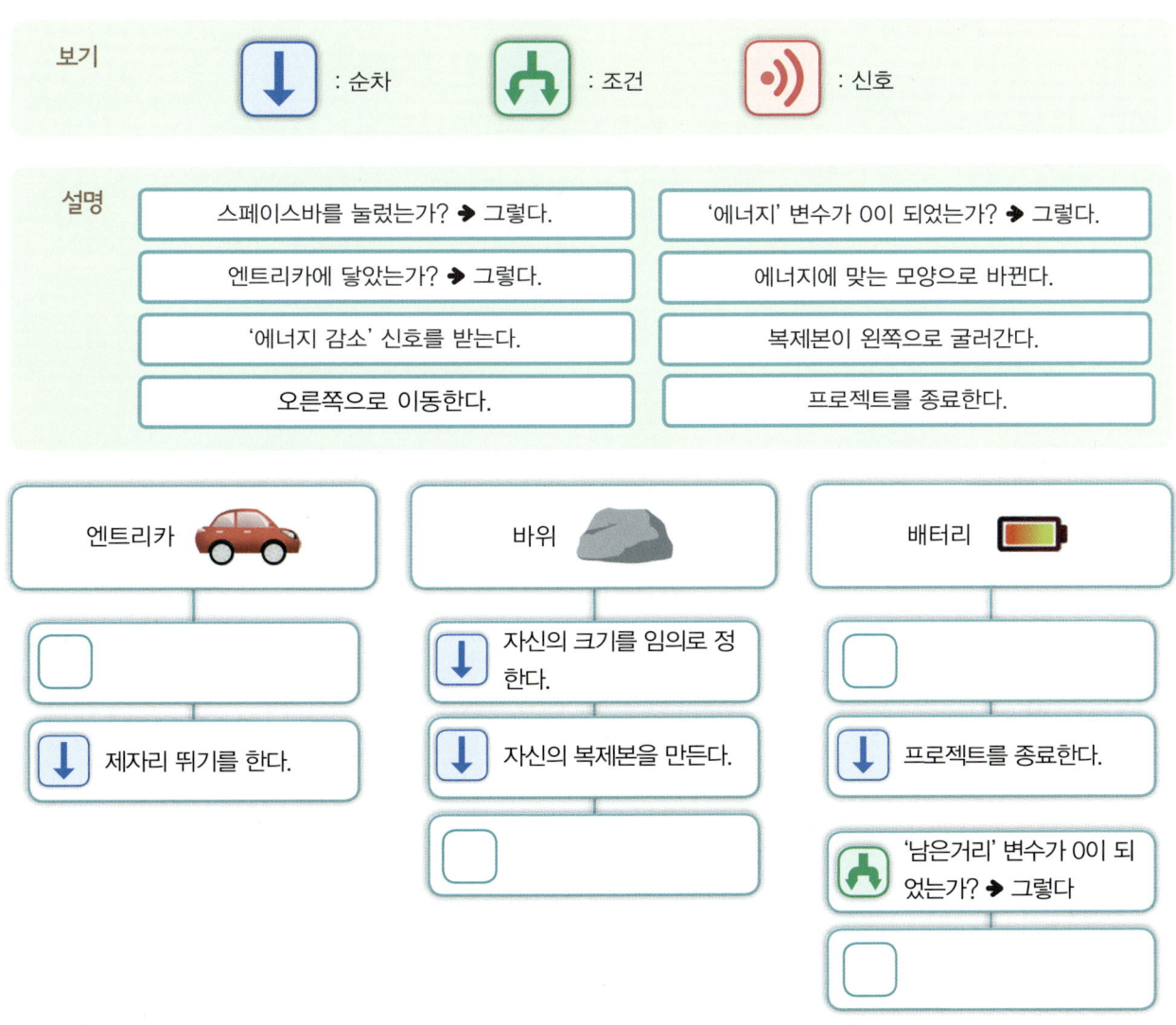

02부 위기에 빠진 엔트리 월드

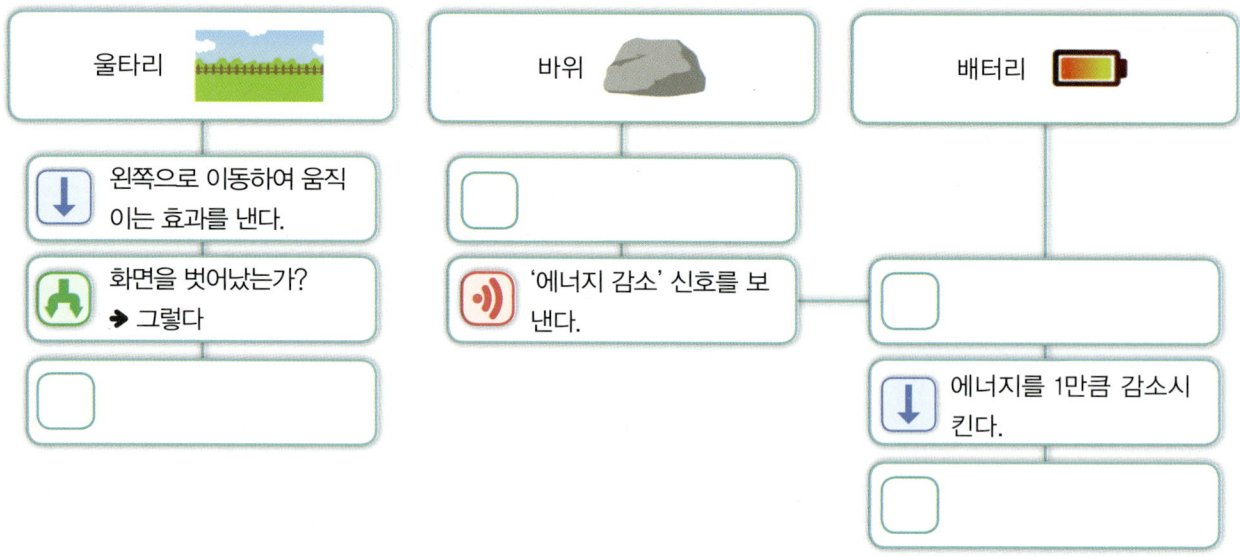

2. 위에서 반복이 필요한 부분을 네모로 묶어보세요.

미션 해결과정

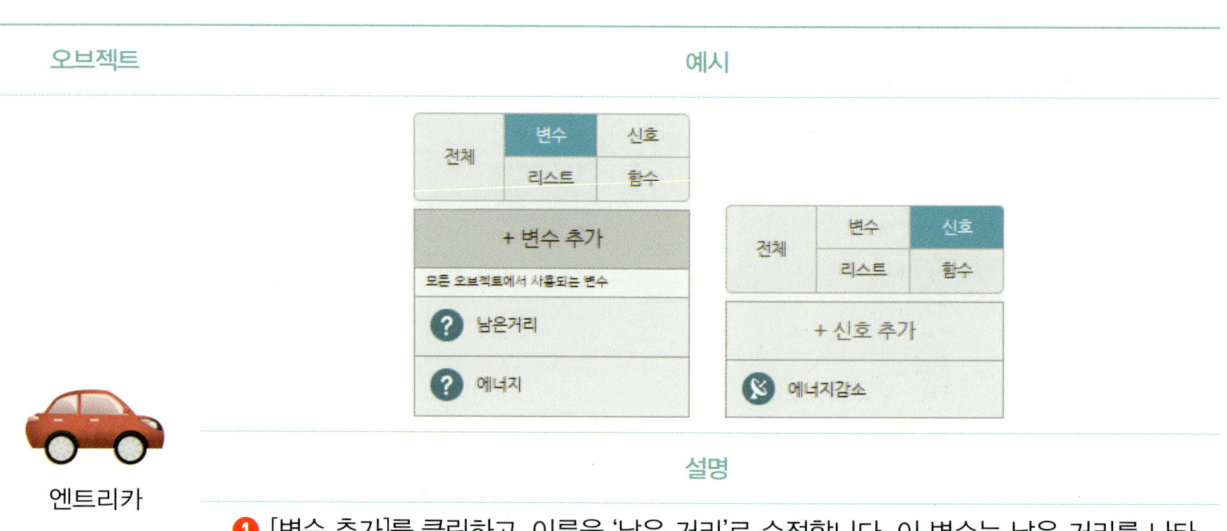

오브젝트	예시
엔트리카 (승용차)	

설명

❶ [변수 추가]를 클릭하고, 이름을 '남은 거리'로 수정합니다. 이 변수는 남은 거리를 나타내는 변수입니다.

❷ [변수 추가]를 클릭하고, 이름을 '에너지'로 수정합니다. 이 변수는 엔트리카의 남은 에너지를 나타내는 변수입니다.

❸ [신호 추가]를 클릭하고, 이름을 '에너지 감소'로 정합니다. 이 신호는 바위와 엔트리카가 부딪혔을 때 에너지를 감소시키도록 신호를 보낼 때 사용합니다.

오브젝트	예시
 엔트리카 (승용차1)	

설명

❶ 스페이스 바를 눌렀을 때 아래의 블록들이 실행됩니다.

❷ 만약 엔트리카의 Y좌표가 −70이라면 아래의 블록들을 실행합니다. Y좌표가 −70이 아닐 때는 뛰는 도중입니다. 뛰는 도중에 또 한 번 뛰지 않게 하기 위해서입니다.

❸ 0.1초 동안 Y좌표를 60만큼 움직여 제자리 뛰는 모습을 표현합니다.

❹ 공중에서 0.6초 기다립니다.

❺ 0.1초 동안 Y좌표를 −60만큼 움직여 다시 원래 자리로 돌아옵니다.

❻ Y좌표가 −70이 아니면 아래의 블록을 실행합니다. −70이 아니면 뛰는 중이므로 아무것도 실행하지 않도록 빈칸으로 둡니다.

오브젝트	예시
 바위	

설명

❶ 시작하기 버튼을 클릭했을 때 아래의 블록들이 실행됩니다.

❷ 바위 오브젝트가 보이지 않도록 모양을 숨깁니다. 바위 오브젝트는 숨어 있고 실제로 굴러가는 것은 복제본을 이용하려 합니다.

❸ X좌표를 300 위치로 이동시킵니다. 복제본이 화면 밖에서 만들어지게 하기 위함입니다.

❹ 아래의 블록들을 무한 반복해서 실행합니다.

❺ 바위의 크기를 원래 크기로 정합니다. ❻번 블록에서 크기를 임의로 정해서 복제하기 때문에 크기를 정하기 전에 원래대로 돌려줘야 합니다.

❻ 바위의 크기를 무작위 수로 정합니다. -50%부터 0%까지이기 때문에 바위 자신보다 작거나 같은 크기로 변하게 됩니다.

❼ 바위의 복제본을 만듭니다. 바위 자신은 그대로 있고, 복제본이 굴러가도록 복제본을 만듭니다.

❽ 3초를 기다립니다. 3초마다 한 번씩 바위가 굴러오도록 시간을 조절합니다.

오브젝트	예시
	❶ 복제본이 처음 생성되었을때 ❷ 모양 보이기 ❸ 무한 반복하기 ❹ 방향을 15° 도 만큼 회전하기 ❺ x 좌표를 -10 만큼 바꾸기 ❻ 만일 엔트리카 에 닿았는가? 이라면 ❼ 에너지감소 신호 보내기 ❽ 이 복제본 삭제하기 ❾ 만일 -300 >= X좌표값 이라면 ❿ 이 복제본 삭제하기

설명

바위

❶ 복제본이 만들어지면 아래의 블록들이 실행됩니다.

❷ 복제본의 모양을 보이게 합니다.

❸ 아래의 블록들을 무한 반복해 실행합니다.

❹ 방향을 15도 만큼 회전합니다.
　바위가 굴러가는 효과를 주기 위함입니다.

❺ X좌표를 -10만큼씩 이동시켜 바위가 왼쪽으로 가게 합니다.

❻ 만약 엔트리카에 닿았다면 아래의 블록을 실행합니다.

❼ '에너지 감소' 신호를 보냅니다.
　배터리 오브젝트가 신호를 받아 에너지가 감소합니다.

❽ 복제본을 삭제합니다. 자동차에 부딪혔으므로 삭제하는 것입니다.

❾ 만약 X좌표가 -300보다 작으면 아래의 블록을 실행합니다.

❿ 화면 끝에 도달한 것이므로 복제본을 삭제합니다.

오브젝트	예시
	① 시작하기 버튼을 클릭했을 때 ② 에너지▼ 값 숨기기 ③ 에너지▼ 를 4 로 정하기 ④ 남은거리▼ 를 100 로 정하기 ⑤ 무한 반복하기 ⑥ 1 초 기다리기 ⑦ 남은거리▼ 에 -1 만큼 더하기 ⑧ 만일 남은거리▼ 값 <= 0 이라면 ⑨ 모든 오브젝트▼ 멈추기

설명

배터리

❶ 시작하기 버튼을 클릭했을 때 아래의 블록들이 실행됩니다.

❷ 화면에서 '에너지' 변숫값을 보이지 않도록 숨깁니다.
화면에서 보일 필요가 없으므로 숨깁니다.

❸ '에너지' 변수를 4로 수정합니다.
4번 닿으면 게임을 종료하기 위함입니다.

❹ '남은 거리' 변수를 100으로 정합니다.

❺ 아래의 블록들을 끝없이 반복합니다.

❻ 1초를 기다렸다가 실행합니다.

❼ '남은 거리' 변수에 -1을 더합니다.
1초를 기다렸다가 하는 것이므로 1초에 1씩 감소합니다.

❽ 만약 '남은 거리' 변숫값이 0보다 작거나 같다면 아래의 블록을 실행합니다.

❾ 모든 오브젝트를 멈춥니다.
도착 지점에 도착한 것이므로 게임을 종료하는 효과입니다.

오브젝트	예시
 배터리	

설명

❶ '에너지 감소' 신호를 받았을 때 아래의 블록들이 실행됩니다.

❷ '에너지' 변수의 값을 1만큼 감소시킵니다.

❸ 배터리 오브젝트의 모양을 다음 모양으로 바꿉니다. 에너지가 감소했으므로 다음 모양으로 바꿔주어 배터리의 감소를 표현합니다.

❹ '에너지' 변수의 값이 0이라면 아래의 블록을 실행합니다.

❺ 모든 오브젝트를 멈춥니다.
4번 닿았을 때 배터리가 0%이므로 게임을 종료하는 효과를 주기 위함입니다.

오브젝트	예시
	❶ 시작하기 버튼을 클릭했을 때 ❷ 무한 반복하기 ❸ 만일 X 좌표값 <= -480 이라면 ❹ x: 480 위치로 이동하기 ❺ x 좌표를 -5 만큼 바꾸기

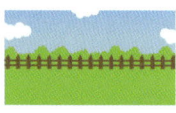

울타리1

설명

❶ 시작하기 버튼을 클릭했을 때 아래의 블록이 실행됩니다.

❷ 아래의 블록들을 끝없이 반복합니다.

❸ 만약 X좌표 값이 –480과 같거나 더 작다면 아래의 블록을 실행합니다.
   –480보다 작다는 것은 화면에서 벗어난 상태를 의미합니다.

❹ X좌표를 480으로 정합니다. 화면의 오른쪽 밖으로 옮겨주는 것입니다.

❺ X좌표를 –5만큼 이동시킵니다.
   배경을 왼쪽으로 이동시켜 차가 앞으로 가는 효과를 주기 위함입니다.

오브젝트	예시
울타리2	❶ 시작하기 버튼을 클릭했을 때 ❷ x: 480 위치로 이동하기 ❸ 무한 반복하기 ❹ 만일 -480 >= X 좌표값 이라면 ❺ x: 480 위치로 이동하기 ❻ x 좌표를 -5 만큼 바꾸기

오브젝트	설명
 울타리2	❶ 시작하기 버튼을 클릭했을 때 아래의 블록이 실행됩니다. ❷ X좌표를 480으로 정합니다. 두 번째 배경이므로 화면의 오른쪽 밖에서 시작하게 합니다. ❸ 아래의 블록들을 끝없이 반복합니다. ❹ 만약 X좌표 값이 −480과 같거나 더 작다면 아래의 블록을 실행합니다. '울타리1' 오브젝트에서 쓴 블록과 다르지만 의미는 똑같습니다. ❺ X좌표를 480으로 정합니다. ❻ X좌표를 −5만큼 이동시켜줍니다.

> **?** 배경 오브젝트가 움직이는 원리를 이해하기 어려워요.

오른쪽 그림을 보세요. 빨간색 상자는 실제로 화면에 보이는 그림입니다. 이렇게 배경이 오른쪽에서 왼쪽으로 움직이면 실제로 자동차는 오른쪽으로 가는 듯한 효과를 주게 됩니다.

마지막에 화면에 보이지 않을 때까지 이동하게 되면 다시 처음 위치로 옮겨줘야 이동하는 효과가 계속될 수 있습니다.

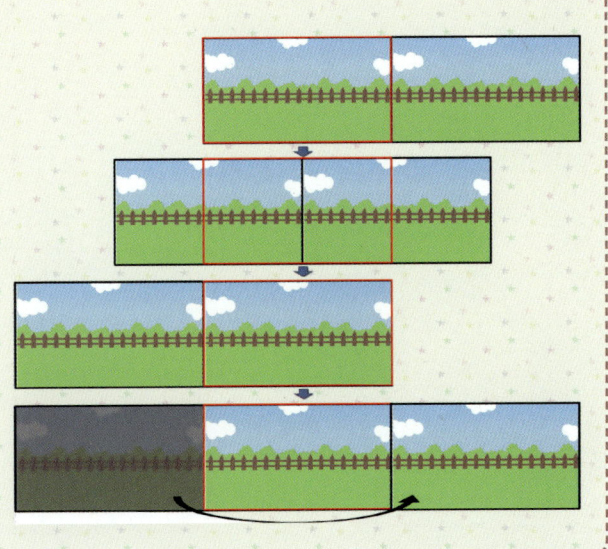

한걸음 나아가기

1. '바위' 오브젝트의 블록을 보면 [크기를 100%로 정하기]와 같은 블록이 있습니다. 이 블록의 역할은 무엇일까요? 이 블록을 삭제해보고 실행한 뒤 나타난 결과를 정리해봅시다.

2. 현재 프로젝트에는 남은 거리가 0이 되어 도착했을 때 엔딩 화면이 없습니다. 자신만의 엔딩 화면을 아래에 구상해보세요.

메모

10 버그마왕과 선택의 문

10 버그마왕과 선택의 문

미션! 선택에 따라 엔트리 봇을 구하는 해피엔딩 장면을 만들어 보자.

미션이 완료된 모습

01_ '1번'과 '2번'을 선택하는 장면

02_ 키보드 '1번' 선택 시 엔트리 봇을 만나는 장면

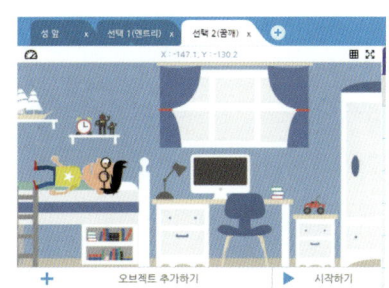

03_ 키보드 '2번' 선택 시 꿈에서 깨어나는 장면

오브젝트&속성

오브젝트/모양	오브젝트 속성	설명
선택의 장면 '성' 배경, 선택 1 장면 및 선택 2 장면 배경		첫 장면 배경입니다. 문이 두 개 있는 성의 모습입니다. 각 장면 선택 1과 2에 따른 배경도 넣어줍니다.
텍스트 '1'		숫자 1 오브젝트입니다. 글상자에서 추가합니다.

오브젝트/모양	오브젝트 속성	설명
텍스트 '2'		숫자 2 오브젝트입니다.
텍스트 '엔트리봇을 구하러 가겠습니까? 아니면 집으로 돌아가겠습니까? 당신의 선택은?(1,2)		텍스트 오브젝트입니다.
진우		'진우' 오브젝트입니다. '안경소년'을 '진우'로 이름을 바꿉니다.
엔트리봇		'엔트리봇' 오브젝트입니다.

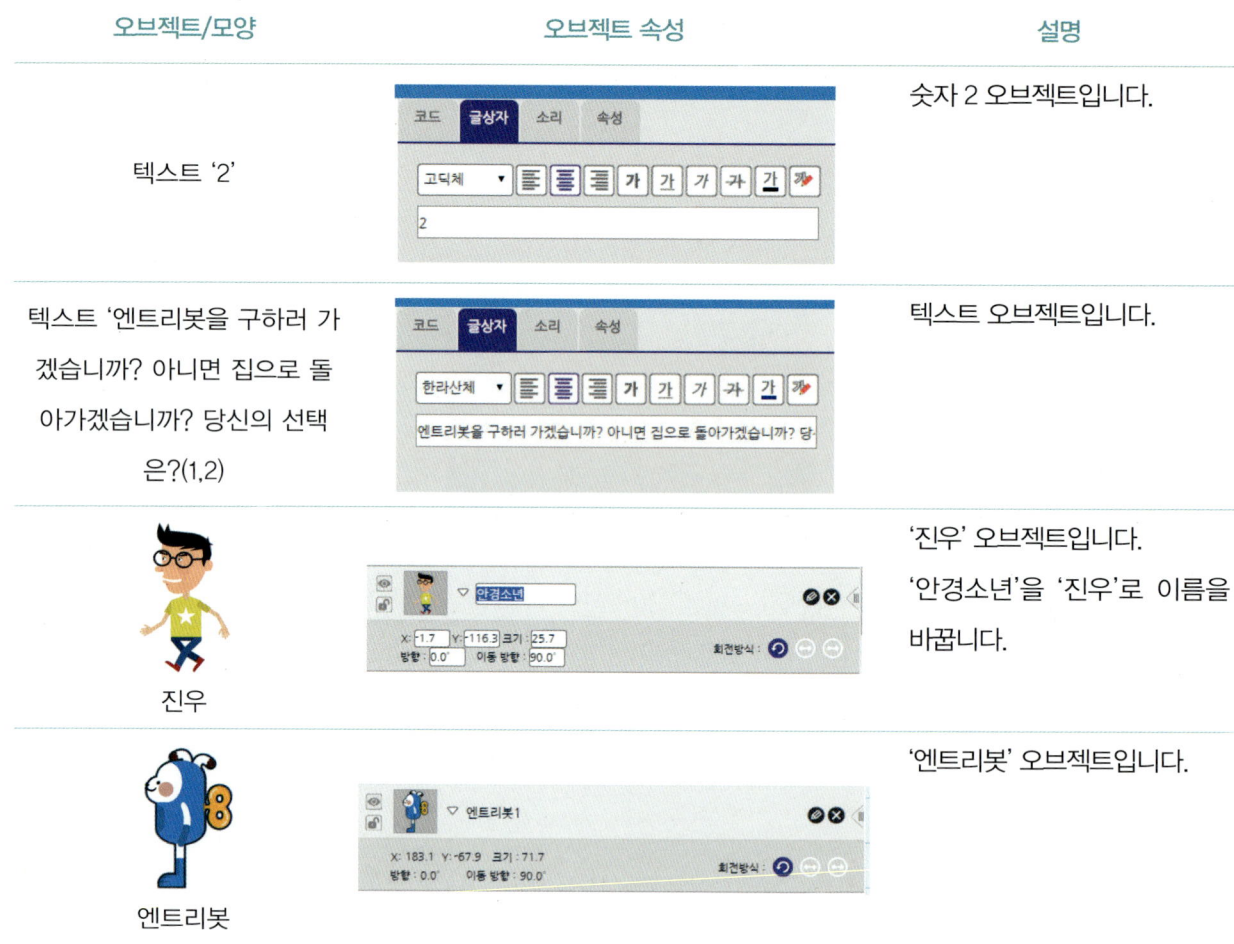

오브젝트 릴레이

1. 〈보기〉에서 알맞은 기호와 내용을 골라 빈칸에 써 봅시다.

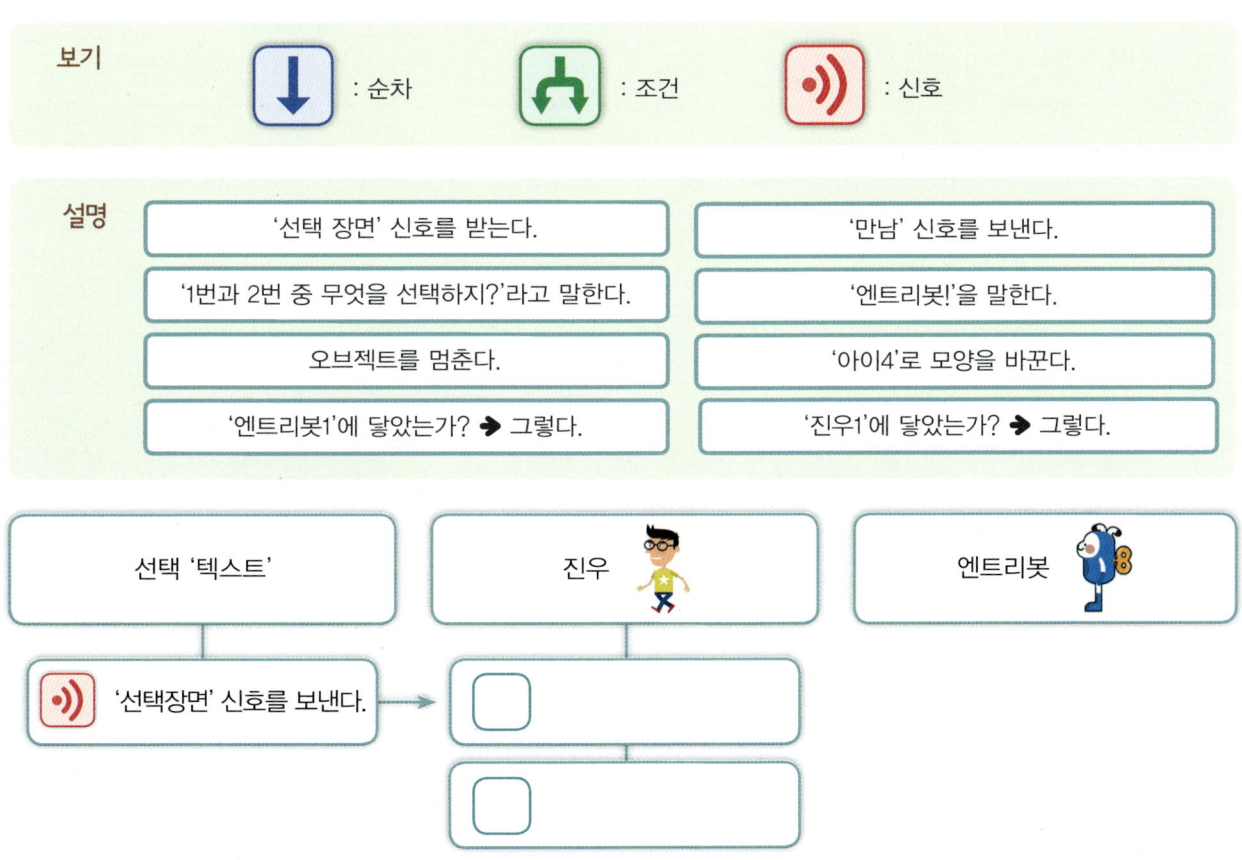

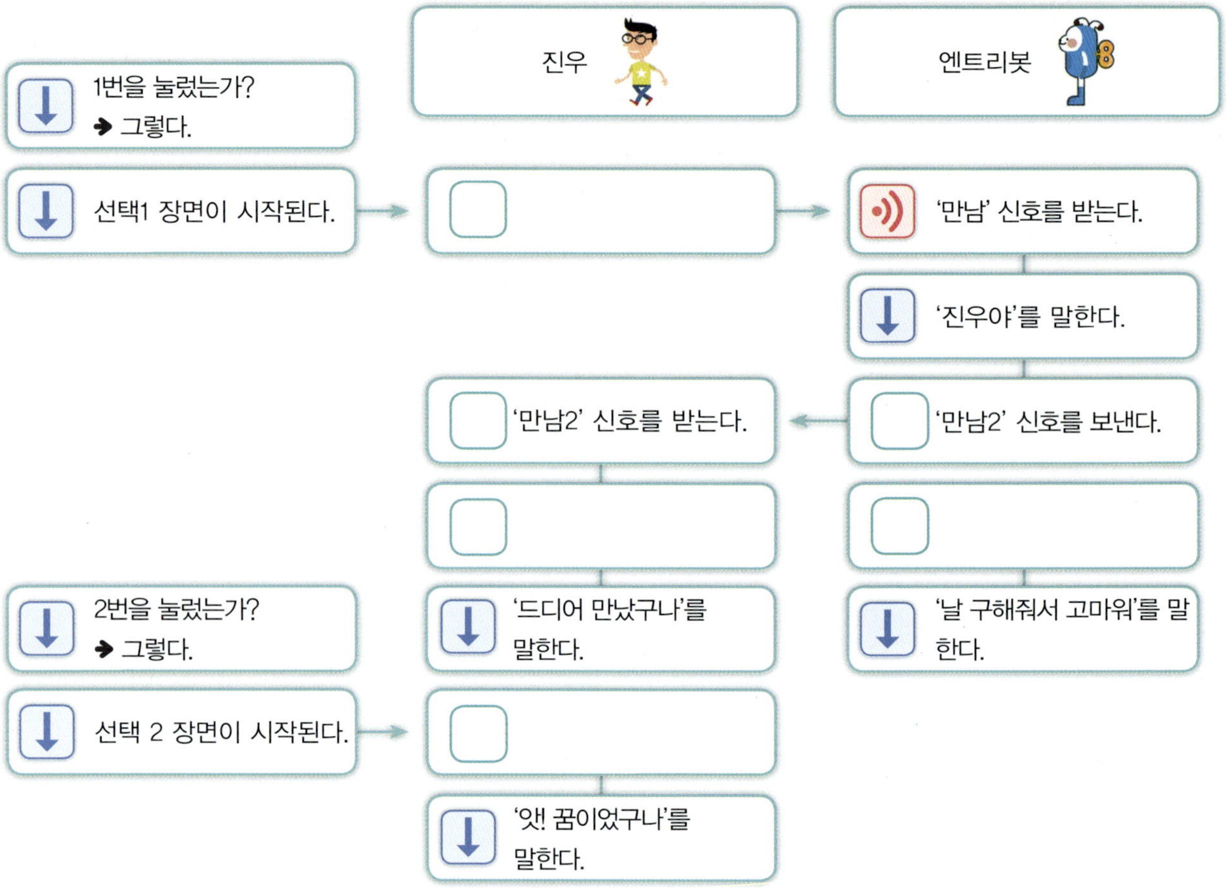

02부 위기에 빠진 엔트리 월드

	진우	엔트리봇
↓ 1번을 눌렀는가? ➜ 그렇다.		
↓ 선택1 장면이 시작된다.	□ →	📶 '만남' 신호를 받는다.
		↓ '진우야'를 말한다.
	□ '만남2' 신호를 받는다. ←	□ '만남2' 신호를 보낸다.
	□	□
↓ 2번을 눌렀는가? ➜ 그렇다.	↓ '드디어 만났구나'를 말한다.	↓ '날 구해줘서 고마워'를 말한다.
↓ 선택 2 장면이 시작된다.	□	
	↓ '앗! 꿈이었구나'를 말한다.	

미션 해결과정

첫 번째 장면 구성

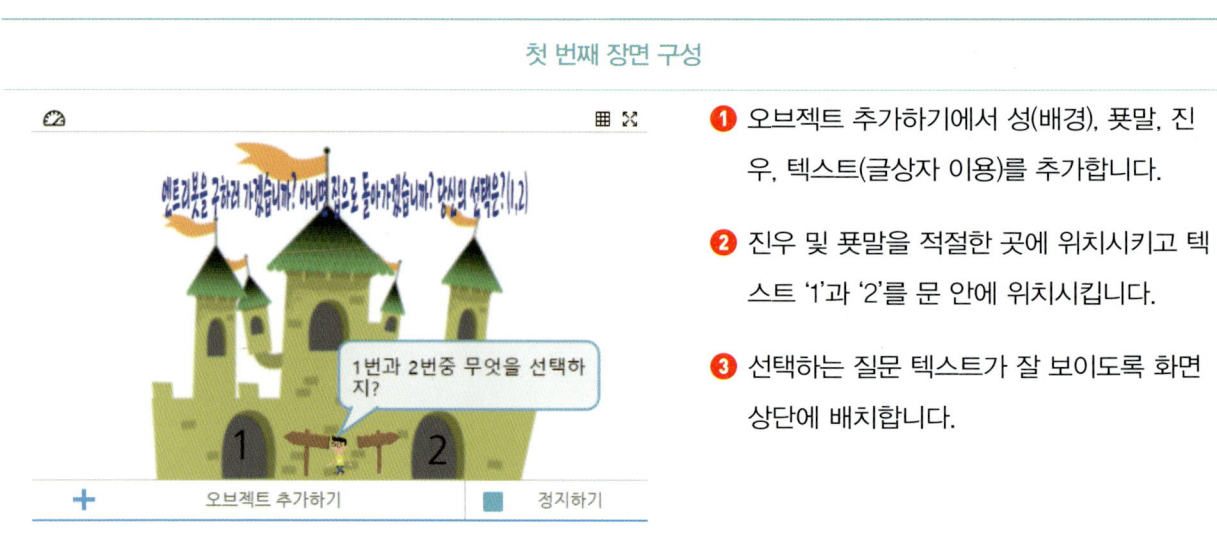

❶ 오브젝트 추가하기에서 성(배경), 풋말, 진우, 텍스트(글상자 이용)를 추가합니다.

❷ 진우 및 풋말을 적절한 곳에 위치시키고 텍스트 '1'과 '2'를 문 안에 위치시킵니다.

❸ 선택하는 질문 텍스트가 잘 보이도록 화면 상단에 배치합니다.

오브젝트	예시	설명
텍스트		선택하는 장면에 대한 신호를 만듭니다. 텍스트가 물음을 던지면 진우가 신호를 받도록 설정합니다.

예시

① 시작하기 버튼을 클릭했을 때
② 1 번째로 올라오기
③ 선택장면 신호 보내기
④ 1 키를 눌렀을 때 / 선택 1(엔트리) 시작하기
⑤ 2 키를 눌렀을 때 / 선택 2(꿀깨) 시작하기

설명

① '시작하기 버튼을 클릭했을 때' 다음 블록이 실행됩니다.

② 텍스트가 배경 뒤에 숨어있다가 '1'번째로 올라와서 보이게 합니다.

③ '선택장면' 신호를 보냅니다.

④ 키보드 '1'을 눌렀을 때 '선택 1' 장면으로 넘어갑니다.

⑤ 키보드 '2'를 눌렀을 때 '선택 2' 장면으로 넘어갑니다.

오브젝트	예시	설명
 진우	 ① 선택장면 신호를 받았을 때 ② 1 초 기다리기 ③ 1번과 2번중 무엇을 선택하지? 을(를) 4 초 동안 말하기	

설명

① 위 '텍스트'에서 보낸 '선택장면' 신호를 받았을 때 다음 블록을 실행합니다.

② 1초 기다립니다.

③ '1번과 2번 중 무엇을 선택하지?'라고 4초 동안 말합니다.

오브젝트	예시	설명
텍스트 '1'	 오브젝트를 클릭했을 때 선택 1(엔트리) 시작하기	선택 장면에서 키보드 1, 2를 선택하는 것 외에도 성문 안에 표시해둔 텍스트 '1', '2' 오브젝트를 클릭해도 장면이 전환되도록 설정해 봅시다.
텍스트 '2'	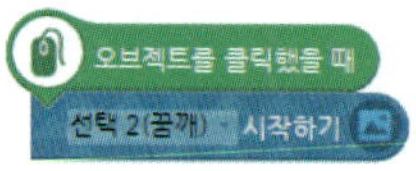 오브젝트를 클릭했을 때 선택 2(꿈깨) 시작하기	

두 번째 장면 구성

① 오브젝트 추가하기에서 노을무덤(배경), 진우, 엔트리봇을 추가합니다. 해피엔딩을 위해 여러분이 원하는 배경을 선택해보세요.

10 버그마왕과 선택의 문

오브젝트	예시
	① 장면이 시작 되었을 때 ② 엔트리봇! 을(를) 2 초 동안 말하기 ③ 만남_엔트리봇 신호 보내기 ④ 만남2 신호를 받았을 때 ⑤ 무한 반복하기 ⑥ 만일 〈엔트리봇1 에 닿았는가?〉 이라면 ⑦ 드디어 만났구나 을(를) 2 초 동안 말하기 ⑧ 이 오브젝트 멈추기 ⑨ 아니면 화살표 방향으로 10 만큼 움직이기

진우

설명

❶ 장면이 시작됐을 때 다음의 블록이 실행됩니다.

❷ 엔트리봇!을 2초 동안 말합니다.

❸ '만남_엔트리봇' 신호를 엔트리봇에게 보냅니다.

❹ '만남 2' 신호를 받았을 때 다음 블록을 실행합니다.

❺ 다음의 블록들을 무한 반복합니다.

❻ 만일 '엔트리봇에 닿았는가?'라는 조건에 만족하면

❼ '드디어 만났구나'를 2초 동안 말한 후

❽ 행동을 멈춥니다.

❾ 만약 엔트리봇에 닿지 않았다면 반복해서 화살표 방향(앞)으로 10만큼 움직입니다.

오브젝트	예시
 엔트리봇	

설명

❶ '만남_엔트리봇' 신호를 받았을 때 다음 블록을 실행합니다.

❷ 1초 기다립니다.

❸ '진우야!'를 2초 동안 말합니다.

❹ '엔트리봇_걷기2'로 모양을 바꿉니다.

❺ '만남2' 신호를 진우에게 보내고 기다립니다.

❻ 만일 '안경소년(진우)에게 닿았는가'라는 조건에 만족하면 '날 구해줘서 고마워'라고 2초 동안 말합니다

두 번째 장면 구성

❶ 오브젝트 추가하기에서 방안(배경), 진우를 추가합니다.

❷ 진우가 잠에서 깨어나며 '앗! 꿈이었구나'라고 말합니다.

오브젝트	예시
	① 장면이 시작 되었을 때
	② 2 초 기다리기
	③ 아이4-4 모양으로 바꾸기
	④ 1 초 기다리기
	⑤ 앗! 꿈이었구나. 을(를) 2 초 동안 말하기

진우

설명

① 장면이 시작됐을 때 다음 블록을 실행합니다.

② 2초 기다립니다.

③ 누워있는 모습에서 서 있는 모습으로 모양을 바꿉니다.

④ 1초 기다립니다.

⑤ '앗! 꿈이었구나'를 2초 동안 말합니다.

한걸음 나아가기

1. 한번 선택하면 처음으로 돌아갈 수 없었습니다. 처음 선택 장면으로 돌아갈 수 있게 해볼까요?

10 버그마왕과 선택의 문

메모

메모

메모